내 안에 잠든 글 짓는 도서관을 깨워라

김병완의
책 쓰기
혁 명

내 안에 잠든 글 짓는 도서관을 깨워라

김병완의 책 쓰기 혁명

김병완 지음

싱긋

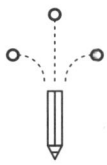

인생을 바꾸는 것은 읽기뿐만 아니라 쓰기도 마찬가지다.
오히려 책 쓰기는 읽기보다 열 배 더 강하다.
그러므로 책 읽기가 나를 성장시켰다면,
책 쓰기는 내 인생을 송두리째 바꾸었다고 자신 있게 말할 수 있다.

_ 김병완

| 프롤로그 | 책 쓰기는 자기 혁명이며, 인생 최고의 도전이다 _11

| 제1장 |
책 쓰기는 인생을 바꾸는 자기 혁명

'어떻게 쓰느냐'는 그 자체로 하나의 학문이다 _23
쓰기는 개인과 나라를 모두 강하게 해준다 _26
쓰기의 본질은 변화와 도전이다 _29
쓰기는 인생을 바꾸는 마법 _33
쓰기 이후, 그 달라진 인생으로 초대한다 _35
비난과 혹평은 세상의 이치, 그러니 연연하지 마라 _38
계속해서 글을 쓰는 사람이 결국에는 이긴다 _40
물은 길을 내고 사람은 글을 쓴다 _43

| 제2장 |
책 쓰기는 성장과 변화의 다른 이름이다

쓰기를 못하면 성장도 변화도 못한다 _49
쓰기는 인생을 효율적으로 만들어준다 _53
쓰기는 주인의 인생을 살게 해준다 _56
쓰기는 인생에 혁명을 가져다준다 _58
쓰기의 또 다른 힘, 명품 인생을 위한 스마트한 전략 _60
바뀐 시대의 글쓰기는 프로와 아마추어를 가르는 기준이다 _63
쓰기는 자신의 진짜 강점을 찾게 해준다 _65

차례

| 제3장 |
책 쓰기는
박사 학위나 전문 자격증 그 이상이다

더 이상 박사 학위, 자격증, 좋은 직장만으로는 안 된다 _71
콘텐츠를 만들어내는 가장 위대한 방법, 글쓰기 _73
쓰기는 노년을 더욱더 풍요롭게 해준다 _76
쓰기는 수익률과 재미가 쏠쏠하다 _78
'돈'보다 '쓰기'가 더 큰 사회봉사다 _80
쓰기는 삶을 치유하는 힐링, 그 자체다 _82
쓰기, 강한 인생을 만들다 _84
글은 생각의 부산물도, 결과물도 아니다 _86

| 제4장 |
책 쓰기가 내 인생을 송두리째 바꿔버렸다

바보들은 항상 읽기에서 머문다 _93
이 시대 최고의 공부, 책 쓰기 _95
쓰기는 새로운 인생, 진짜 인생을 살게 해준다 _97
큰 새가 비상하려면 큰 바람이 있어야 한다 _99
쓰기의 임계점, 그 혁명 같은 짜릿함을 경험하라 _100
쓰기는 전혀 다른 인생으로 가는 지름길이다 _103
어제와 다른 삶을 살고 싶다면 지금 당장 쓰기 수련을 시작하라 _105
쓰기의 최대 난관, 완벽주의의 함정에서 벗어나라 _108
인생을 나는 법을 책 쓰기로 알게 되다 _110
책 쓰기, 퍼스널 브랜딩을 구축하는 최고의 방법 _111

| 제5장 |
글쓰기를 두려워하는 이들에게

쓰기는 머리가 아니라 엉덩이로 하는 것! _117
생각이 떠올라 쓰는 것이 아니라 쓰기 때문에 생각이 나는 것이다 _121
글쓰기야말로 위대한 놀이다 _126
글쓰기는 자기를 발견하고 완성하는 과정이다 _128
나의 이야기는 오직 나만 쓸 수 있다 _129
글쓰기의 성패, 질이 아니라 양에 달려 있다 _131
프리 라이팅, 자유롭게 쓰라! _133
글쓰기에 정답은 없다. 하지만 원리는 있다 _139
잘 써야겠다는 생각을 지워버려라 _143
글쓰기는 희열이다, 그 무엇도 뛰어넘을 수 없는 _145

| 제6장 |
글쓰기의 원리와 원칙, 그리고 문장 강화

글쓰기 제1원칙 : 전달하라! 절대 꾸미지 마라! _153
글쓰기 제2원칙 : 간결하게! 무엇을 쓰든 짧게 써라! _157
잘 읽히는 글을 쓰는 비결에 대해서 _161
명문장에 대해서 : 문장의 세 가지 원칙 _165
문장력에 대해서 : 끝까지 읽게 하는 힘 _169
글이 써지지 않을 때 글을 쓸 수 있는 방법 _172
훌륭한 작가가 되려면 3C를 기억하라 _176
문장의 신이 내려준 좋은 문장 5계명 _181
글을 쓰는 데 꼭 필요한 세 가지 규칙 _204
살아 숨 쉬는 글을 쓰는 한 가지 방법 _210
예비 작가에게 꼭 해주고 싶은 말, 말, 말 _213
첫 문장을 쉽게, 제대로 쓰는 법 _215

| 제7장 |
책은 한 달 만에 쓸 수 있다

한 달에 한 권의 책을 쓰는 다섯 가지 방법 _221
원고를 나누면 원고가 탄생한다 _224
절반은 언제나 전체보다 낫다 _229
글쓰기는 야간 자동차 운전과 같다 _231
인용, 창작의 기초 체력을 기르는 최고의 훈련법 _233
창작과 편집은 종이 한 장 차이다 _236
작가가 된다는 것, 돈을 넘어 가치를 탐한다는 것 _239
창조적 글쓰기는 저절로 흘러넘칠 때 찾아온다 _241
책을 많이 빨리 쉽게 쓸 수 있는 비결 _243

| 제8장 |
내 안에 잠든 글 짓는 도서관을 깨워라

글은 절대 문장력의 문제가 아니다 _249
자신만의 글 짓는 도서관을 찾아라 _252
무엇이 두려운가? 독자들이여, 저자가 되라! _254
글이 쓰고 싶을 때 필요한 것들 _256
글을 쓴다는 것은 가장 인간다운 길이다 _259
글쓰기는 내 인생을 최고로 만드는 기술이다 _260
좋은 글을 쓰기 위해 당신이 가장 먼저 해야 할 것 _263
책 쓰기의 다른 말은 비움과 내려놓음 _267

| 에필로그 | 그러니까, 일생에 한번은 책을 써라! _273
| 부록 | 나는 이렇게 작가가 되었다 : '김병완의 저자되기 프로젝트' 후기 _277

• 이 책은 《김병완의 책 쓰기 혁명》(아템포. 2014) 재출간 도서입니다.

프롤로그

책 쓰기는 자기 혁명이며, 인생 최고의 도전이다

3년 동안 1만 권의 책을 읽어본 적이 있는가?

나는 정확히 3년 전에 그런 적이 있었다.

10년 동안 100권의 책을 정식으로 출간해본 적이 있는가?

나는 정확히 그런 적이 있었다.

이 두 가지 특별한 경험 덕분에 지금 나의 인생은 완전하게 달라졌다.

한마디로 눈부시다.

지금으로부터 약 10년 전 나는 평범한 회사원이었다. 회사원으로 11년 동안 직장생활을 했다. 이 책을 읽고 있는 당신과 같았다. 평범 그 자체였다. 하지만 지금은 비범해졌다고 감히 말할 수 있다.

3년 동안 1만 권의 책을 읽어서? 아니다. 10년 동안 100권의 책을 출간해서도 아니다.

　책 쓰기를 매일 하고 있기 때문이다. 책 쓰기가 지금도 변함없이 내 인생을 바꾸고 있기 때문이다.

　책 쓰기에 대해서 이야기하라고 할 때 가장 강렬하고 인상적인 이야기를 할 수 있는 대한민국에서 몇 안 되는 사람 중 하나가 나라고 자부할 수 있다.

　전문 교육을 받지 않은 사람이 나처럼 극적으로 순수하게 책 쓰기를 통해서 도약한 사례는 거의 없을 것이다. 그것도 초단기간에 말이다.

　이것은 사회적 스펙이나 학벌이나 지위나 부나 명예 때문이 아니다. 책 쓰기 경험을 순수하게 물리적인 시간으로만 따진다면 나도 보잘것없다. 하지만 책 쓴 경험의 폭과 깊이로 따지자면, 나는 그동안 정말 깊고 넓게 책 쓰기를 경험한 사람이다.

　이 책은 한두 권의 책을 쓴 사람이 쓴 책 쓰기 책보다, 많은 책을 출간했지만 대부분이 청소년 책을 쓴 사람의 책 쓰기 책보다, 그리고 평생 100권의 책을 출간한 사람이 쓴 책 쓰기 책보다 더 강력할 것이다. 지금 이 시대의 책 쓰기 흐름과 원리가 다 녹아들어 있기 때문이다. 5년 전, 10년 전의 책 쓰기와 지금의 책 쓰기는 전혀 다르다. 시대가 급변하고 있다.

　이 책은 지금 이 순간 가장 치열하게 책을 쓰고 있고 가장 왕성한 활동을 하고 있는 작가의 책 쓰기 책이다. 그런 점에서 이 책은 의미와 가치가 있다고 자부할 수 있다. 내가 깨닫게 된 다음의 사실을 독자 여러분이 꼭 명심해줬으면 하는 바람이다.

전문가가 책을 쓰는 것이 아니다.
책을 쓰면 전문가가 되는 것이다.
성공한 사람이 책을 쓰는 것이 아니다.
책을 쓰면 성공한 사람이 되는 것이다.
똑똑한 사람이 책을 쓰는 것이 아니다.
책을 쓰면 똑똑한 사람이 되는 것이다.

나는 이 말들이 너무 좋다. 왜냐하면 이 말들의 의미를 하나씩 다 경험해보았기 때문이다. 사실 그 행복한 경험이 내게 이 책을 쓰게 만든 셈이다. 사실 작가라면 글쓰기에 관한 책을 쓰고 싶은 욕망을 느낄 것이다. 특히 글쓰기 책이 이전에 비해 더 주목받는 지금의 분위기에서는 더욱 그럴 것이다. 하지만 작가가 온몸으로 체득한, 즉 독자들에게 진심으로 할 말이 없다면 시류에 편승한 저술 작업은 경계하는 게 좋을 것이다. 독자들 또한 정말 책 쓰기에 대해 이야기할 것이 많은 사람, 제대로 책 쓰기에 대해서 이야기할 수 있는 사람의 책을 선택해야 할 것이다. 다시 한번 명심하자.

잘난 사람, 재주 있는 사람이 책을 쓰는 것이 아니다. 책을 쓰는 사람이 재주 있는 사람이 되는 것이다.

자신을 넘어선 사람이 책을 쓰는 것이 아니라, 책을 쓰는 사람이 자신을 넘어서는 것이다.

"인생 뭐 있어?"라는 말만 계속 되풀이하면서 어제와 별반 다를 바 없는 인생을 살아가는 평범한 사람들일수록 지금 당장 책 쓰기에 도전해야 한다.

인생을 바꾸는 데 책 쓰기만큼 강력한 것은 없기 때문이다. 어제와 다를 바 없는 지긋지긋한 인생에서 책 쓰기만큼 빠르고 놀랍게 벗어날 수 있게 해주는 것은 없다.

위대한 사람, 잘난 사람, 재주 있는 사람만이 책 쓰기를 할 수 있는 것이 아니다. 오히려 그렇지 못한 사람이기에 책 쓰기를 통해 더 쉽게 그런 사람이 될 수 있고, 자신의 한계를 넘어설 수 있다.

책 쓰기의 위력을 이 세상에서 누구보다도 더 생생하게 제대로 체험해본 사람이 있다면 바로 나일 것이다. 평범한 직장인이 책 쓰기를 통해서 작가로, 강사로, 미래경영연구소 대표로, 한국MRP코칭센터 대표로, 북스앤북스 출판사 대표로 변신했다. 과거에는 꿈에서도 상상하지 못한 인생을 지금 살아가고 있다.

나는 잘난 사람도 아니었고 재주 있는 사람도 아니었다. 그런데 책 쓰기를 통해 조금씩 잘난 사람이 되어 가고 있고, 재주 있는 사람이 되어 가고 있다. 이것이 바로 책 쓰기의 위력이고, 책 쓰기의 혁명이다.

이 책은 바로 그 책 쓰기의 위력에 관한 이야기다. 그리고 동시에 책 쓰기 방법론에 관한 이야기다. 책에 미친 남자가 자신만의 책 쓰기 비법을 고스란히 담은 첫 책이라 할 수 있다.

내가 이전에 출간했던 책들에서는 책 쓰기의 방법·기술·원리들에 대해서 제대로 밝히지 못했다. 하지만 이 책을 쓰면서 그러한 것들을 하나씩 엮어서 드러내기 시작했다. 이유는 숙성의 문제였다. 물론 3년 동안 1만 권의 책을 독파하고, 다시 10년 동안 약 100권의 책을 출간하는 과정에서 독서와 독서법, 그리고 책 쓰기에 관해서 다른 사람이 쉽게 경험할 수 없는 것들을 경험하게 되었다. 하지만 그러한 경험이 온전히 독자들에게 전달되기 위해서는 숙성되고 발효되는 시간이 필요했던 것 같다.

그런 의미에서 책 쓰기에 대한 제대로 된 나의 책으로는 이 책이 최초다. 물론 이 책 전에도 책 쓰기에 관한 책을 한 권 출간한 적이 있다. 물론 그 책이 형편없는 책이라는 말은 절대 아니다. 그 책도 국내 유명 서점에서 종합 베스트셀러에 올라 화제가 되었다.

하지만 이 책은 좀 더 숙성된 내용을 담고 있다고 자신 있게 말할 수 있다. 과거 책이 글쓰기에 대한 자세와 마인드 중심이었다면, 이 책은 작가의 다음 자세는 물론, 글쓰기의 원칙과 기술 같은 방법론까지 총망라했다고 할 수 있다.

한마디로 책에 미친 남자가 전하는 책 쓰기 이야기인 것이다. 작가가 되고 싶은 사람, 작가가 된 사람, 작가가 아니더라도 책 쓰기에 관심이 있는 사람, 언젠가 책 한 권 써내고 싶은 사람들에게 감히 권하고 싶은 책이다.

사실 아무리 많은 이론도 경험이 없다면 탁상공론에 불과하다. 이 책은 이론을 넘어 실제를 경험한 사람의 산물이다. 작가라고 해도 경험하지 못하는 특별한 경험을 다 해본 '신들린' 작가의 책 이야기이기 때문에 감히 스스로 추천하는 것이다.

독자 중에 이런 생각을 하는 사람들이 적지 않을 것 같다.

'내 인생은 지금 도대체 무엇이지?'

'정말 열심히 살아왔지만 왜 아무것도 이룬 것이 없는 걸까?'

'대체 무엇을 어떻게 하며 살아가야 할까?'

무조건 열심히 직장생활을 하면 될까? 혹은 자영업을 하면서 엄마로서, 아빠로서 열심히 살아가면 되는 것일까? 우리는 바쁜 일상에 쫓겨 '뭐 남들도 다 이렇게 사는데!'라고 스스로 위로하며 자신을 안심시킨다. 지금까지처럼 그렇게 살아가면 된다고 타협한다.

"인생 뭐 있어?"라는 말을 내뱉으며 그저 그렇게 티 나지 않게, 남들보다 못하지 않게 그렇게 살아간다면 정말 그게 인생일까?

다른 사람들은 어떤 삶을 어떻게 살아가는 것일까? 겉보기에는 모두가 엇비슷하게 살면서 어깨를 나란히 한 채 서로 경쟁하고 부대끼며 그렇게 사는 것 같다. 하지만 100명이면 100명, 1000명이면 1000명 모두 다 제각각이며, 더구나 삶의 질과 격은 천차만별이라는 사실을 비로소 조금은 알게 되었다.

인생은 그저 살아가는 것이 아니라 잘 살아내는 것이 중요하다. 그렇다면 어떻게 해야 잘 사는 것일까?

인생을 그저 사는 게 아니라 잘 살기 위해서는 뭔가 다른 것이 있어야 한다. 자신의 삶을 업그레이드시켜줄 수 있는 조용한 혼자만의 시간이 필요하다. 그리고 삶의 속도보다는 방향을 잡아줄 수 있는 성찰의 시간이 필요하다. 그리고 자신의 생각을 가다듬을 수 있는 생각 정리의 시간이 필요하다. 나는 이러한 시간들을 가장 효과적으로 만들어낼 수 있는 행위가 바로 '쓰기'라고 생각한다.

쓰기를 시작한 후 인생이 달라졌다고 말하는 사람들이 적지 않다. 쓰기를 통해 우리의 인생이 혁명처럼, 기적처럼, 마법처럼 바뀔 수 있는 가장 큰 이유는 무엇일까? 그 질문에 대해 나는 이 세상의 모든 답은 이미 우리 안에 있기 때문이라고 말하고 싶다.

이미 우리 안에 있는 답을 찾기 위해서는 머릿속의 복잡한 생각의 끈을 분명하게 매듭짓고, 진짜 자신을 발견하고, 내면에 있는 답을 끄집어내야 한다. 바로 그러한 행위가 '쓰기'인 것이다.

일찍부터 '쓰기'의 나라였던 미국이 초강대국이 된 것은 이해할 만하다. 미국에서는 중·고등학교 때부터 쓰기를 훈련시킨다. 좋은 대학교에 들어가고 무난히 졸업하려면 반드시 쓰기를 해야 한다. 그것도 잘해야 한다.

그뿐만이 아니다. 미국에서는 지도자가 되기 위해서, 기업을 잘 경영하기 위해서, 투자를 잘하기 위해서, 정치를 잘하기 위해서, 그리고 어떤 일이든 잘하기 위해서는 반드시 쓰기를 잘해야 한다. 한마디로 미국은

'쓰기'를 통해 리더들의 수준을 한 단계 도약시킨다. 쓰기를 통해 혁명을 일으킨 신생국가가 바로 미국인 셈이다.

그런 점에서 볼 때, 읽기는 쓰기를 위한 준비과정이라고 해도 하나도 틀린 말이 아니다. 쓰기를 하지 않는다면 읽기를 통해 성장하고 발전한 많은 것들을 지속적으로 자신의 성장과 발전의 동력으로 유지할 수 없다.

당신의 인생을 업그레이드시켜주는 것은 쓰기다. 그러므로 쓰기 수련을 통해 당신의 인생을 혁명처럼 바꾸어보라.

쓰기를 통해 달라진 인생을 살아본 적이 있는가? 아니 살고 싶지 않은가? 혹 여러분 중 혹자는 "그런 삶이란 것이 도대체 어디 있느냐?"고 반문할지도 모르겠다. 하지만 사회적으로 성공한 수많은 사람들이 쓰기를 통해 인생을 바꾸었다. 정치가, 기업가, 학자들 중 많은 이들이 쓰기 수련을 통해 쓰기의 달인으로 거듭났고 그 과정에서 자신과 자신의 인생을 몇 단계씩 격상시켰다. 그래서 나는 이 책을 통해 진심으로 독자 여러분께 쓰기 수련에 동참할 것을 권한다.

행복해지고 싶다면, 그리고 성공하고 싶다면 쓰기 수련을 하라. 성공이니 행복이니 하는 거창한 목표가 없다고 해도 인생을 잘 살아가기 위해서 쓰기 수련이 반드시 필요함을 꼭 말해주고 싶다.

쓰는 자가 성공하고 인생을 풍요롭게 업그레이드시킬 수 있다!

지금 당장 쓰기 시작하라. 쓰기 수련을 시작해보라. 인생이 달라진다는 사실을 온몸으로 느끼게 될 것이다. 결론은 이것이다. 평생 현역으로 자기 혁명을 이룰 수 있는 유일한 길은 책 쓰기다. 그러므로 인생 최고의 도전인 책 쓰기에 도전하라.

대한민국 넘버원 책 쓰기 / 독서법 학교 김병완칼리지
교장 김병완

하버드생의 71퍼센트는 1년에 평균 여섯 쪽 분량의 보고서를 열 편 이상 쓴다. 4년간 제일 신경 쓰는 분야도 글쓰기다. 교수의 지도도 받아야 하고 친구들의 조언도 듣는 것이 좋다. 자신의 의견을 글로 표현할 줄 아는 능력은 대학생활이나 직장생활에서 결정적인 성공요인이다.
_ 강인선, 《하버드 스타일》

제1장

책 쓰기는 인생을 바꾸는 자기 혁명

'어떻게 쓰느냐'는
그 자체로 하나의 학문이다

'어떻게 쓰느냐'는 책 쓰기를 보완하는 것도 아니고, 예비작가들이 배워야 하는 하나의 기술도 아니다. 쓰기는 그 자체로 하나의 독립적인 가치를 품고 있다. 그것을 배운다는 것은 누군가가 다 만들어놓은 것을 그저 자신의 것으로 명의만 바꿈을 의미하기에 무가치하다.

세상과 자신을 매개하는 책을 어떻게 쓸 것인가? 사람과 사회를 통찰하는 책 쓰기에 대한 무한한 가치를 어떻게 조명할 것인가? 인생을 송두리째 바꾸어버리는 막강한 마법을 가진 책 쓰기에 대한 무한의 탐구를 어떻게 펼칠 것인가?

책 쓰기를 그저 돈벌이 수단이나 홍보용 도구로 전락시켜버리는 것은 자본주의 사회의 큰 병폐다. 어떤 이들은 이런 치졸한 세상을 지옥이라고 말한다. 하지만 돈벌이 수단으로 전락한 책 쓰기 그 자체로도 하나의 지옥을 이룬다.

어떻게 쓰느냐는 그 자체로 하나의 학문이며 하나의 길이다. 하나의 학문이고 길인 책 쓰기는 그 자체로 천국이다. 책 쓰기를 통해 천국을 경험하느냐 지옥을 경험하느냐는 책 쓰기를 어떻게 하느냐에 달려 있다.

지금까지 많은 책 쓰기에 관한 책들이 돈벌이 수단이나 홍보용 도구로, 성공과 부의 촉진제로서 책 쓰기를 강조했다면 이 책은 그와 거리가 멀다. 오히려 정반대다.

이 책은 순수하게 자기 자신의 기쁨을 위해 책 쓰기에 대한 무한을 열고 싶은 열망을 담고 있다. 세상을 바꾸는 타동사적 글쓰기가 아니라 자신을 바꾸는 자동사적 글쓰기에 대한 고찰인 것이다.

책 쓰기는 본래 학벌이나 스펙과 무관하다. 그래서 책 쓰기는 공평하다. 그 누구도 차별하지 않는다. 평범한 소시민이 책 쓰기를 통해 순수하게 인생을 뒤바꾸고 도약을 한 경우가 적지 않은 것은 바로 이 때문이다.

평범한 사람들을 홀대하며 차별하는 것은 책 쓰기가 아니다. 책을 평가하고 등수를 매기는 것은 평론가들과 독자들이다. 나는 그런 점에서 베스트셀러 집계가 이런 경향을 부추기는 요인이 될 수 있다고 본다. 그런 의미에서 베스트셀러 집계는 재고할 부분이 있다 하겠다.

사실 책 쓰기는 배워서 되는 것이 아니다. 그런 점에서 어떻게 쓰느냐는 것은 하나의 무한체계다. 당신은 어떻게 쓸 것인가? 이 책은 이러한 질문에서 시작한다. 하지만 내용은 정말 쉽고 명확하다. 명쾌하고 분명하다. 그래서 읽기 쉽다. 누구나 읽어야 하는 책이기에 그렇다.

책 쓰기는 결코 전업작가나 소설가들만의 전유물이 되어서는 안 된다. 이것이 나의 지론이며, '김병완칼리지'에서 내가 평범한 사람들만을 대상으로 '저자되기 프로젝트'를 지속적으로 하고 있는 이유다.

그렇다. 누구나 책을 쓸 수 있다. 마치 누구나 자전거를 탈 수 있고, 수영을 할 수 있고, 스키를 탈 수 있는 것처럼 말이다. 하지만 자전거나 수영, 스키는 잘하는 사람에게서 배울 수 있다. 하지만 책 쓰기는 배운다기보다는 스스로 깨우칠 수 있도록 누군가가 그 문을 열어주기만 하면 된다.

그다음부터는 혼자서 헤쳐나가야 한다. 그래야 근력이 생기고 힘이 생겨서 스스로 어떻게 쓰느냐에 대한 자기 자신만의 길을 발견하고 만들어갈 수 있기 때문이다.

이 책은 스스로 책 쓰기에 대한 자신만의 길을 발견하고자 하는 이들을 위한 것이다.

나는 운이 좋았다. 지금까지 60권 가까이 책을 출간하면서, 그것도 3년이라는 짧은 기간에 다른 사람들이 상상도 하지 못할 정도로 많은 양의 책을 쓰면서 나만의 길을 개척할 수 있었다.

그리고 부끄럽지만, 그 방법과 원리를 나눔으로써 누구나 자신만의 길을 개척할 수 있다는 사실에 대한 희망의 증거가 되고 싶었다.

책 쓰기는 누구나 할 수 있다. 즉 누구나 작가가 될 수 있다. 그러므로 결단하고 도전하라. 동양 고전에 결단하고 행동하면 귀신도 무서워서 도망간다고 했다. 결단하고 행동하면 몇 개월 후에는 당신의 이름으로 된 책 한 권이 이 세상에 모습을 드러낼 것이다. 그 감격의 순간을 꼭 맞이하기 바란다.

쓰기는 개인과 나라를 모두 강하게 해준다

전 세계에서 가장 강력한 나라를 몇 개만 꼽아보자. 중세시대 초강대국이었던 영국과 프랑스를 먼저 들 수 있다. 그리고 그 후 강대국이 된 러시아, 여기에 금세기 최대 강국인 미국도 있다. 또한 동양철학의 뿌리가 되고 현재까지 강대국으로 그 면모를 자랑하며 언제든지 초강대국이 될 수 있는 거대한 나라 중국도 덧붙일 수 있다. 여기에 독일과 일본을 추가해도 별 무리가 없을 것이다.

그런데 이 나라들의 힘의 근원은 과연 무엇일까? 바로 '위대한 작가들이 살았던 나라'들이라는 점이다. 이 사실이 말해주는 것은 이들 초강대국은 국방력이나 경제력 같은 국력의 강국이기 이전에 이미 쓰기의 강국이었다는 점이다.

글쓰기의 강국 = 국력의 강국

이런 등식은 영국, 러시아, 프랑스, 중국, 미국을 보면 쉽게 알 수 있다. 현재 미국의 교육을 살펴보라. '글쓰기'의 중요성을 그 어떤 나라보다 더 강조하고 있다. 그래서 글쓰기를 체계적으로 가르친다. 그뿐만 아니라 글쓰기를 잘하지 못하면 대학교에 입학하는 것도 힘들다. 운 좋게 입학한다 해도 졸업하기가 힘들다. 설령 운 좋게 졸업한다 해도 쓰기를 못하면 성공하기 힘든 나라 중 가장 대표적인 곳이 미국이다. 미국 사회에서 리더에게 가장 필요한 것이 있다면 바로 글 쓰는 능력이다.

영국에는 셰익스피어와 같은 위대한 문호가 있었고, 러시아에도 톨스토이와 도스토옙스키와 같은 대문호가 있었다. 중국은 공자, 맹자, 손자, 노자, 사마천, 한비자 등과 같은 고전의 대가들이 수없이 많이 존재했던 나라다. 한마디로 글쓰기에 강한 나라가 초강대국이 된다는 말이다.

이런 기준으로 볼 때 한국은 절대로 지금 당장 초강대국이 될 수 없다. 그 이유는 한국인들이 평균적으로 글쓰기에 약하기 때문이다. 원고지 10장을 30분 안에 큰 힘 들이지 않고 써낼 수 있는 사람이 10퍼센트도 채 안 되기 때문이다.

즉 그 나라가 10년 후에 초강대국이 될 수 있느냐를 예측할 수 있는 기준이 바로 지금 그 국민들이 얼마나 글을 많이 쓰고 있고, 잘 쓸 수 있느냐인 것이다.

글쓰기는 한 국가의 힘을 평가하는 기준이 될 뿐만 아니라 한 개인의 입장에서 볼 때도 그 사람의 삶의 내용과 질과 격을 결정짓는 중요한 조건이 된다.

똑같은 직장에서 비슷한 일을 하는 두 사람이 있다. 이 두 사람의 10년 후 모습은 어떨까? 만약에 한 사람은 글을 쓰는 것을 좋아해서 매일 글을 쓴다고 가정해보자. 10년 후에 그 사람은 다른 사람이 상상도 하지 못하는 일을 하는 사람이 되어 있을 수 있다.

한 사람은 우연한 기회에 자신의 인생 경험을 토대로 직장생활을 잘하는 방법이나 직장생활을 통해 얻은 개인적인 소소한 사색을 집필하여 출간하게 되고, 또한 그 경험을 토대로 인생의 후반전에는 작가로 살아갈 수 있을지 모른다. 하지만 다른 한 사람은 평소에 글쓰기를 하지 않았던 탓에 이런 기회조차 얻지 못하고, 그저 작은 회사에 재취업하여 평생 해왔던 직장생활을 또 하면서 어제와 별반 다를 바 없는 오늘을 살아가게 될 것이다.

쓰기가 단순히 작가가 되게 해주는 길을 열어주는 데만 의의가 있는 것은 아니다. 작가가 되지 않더라도 상관없다. 쓰기의 진정한 의의는 무슨 일을 하며 어떤 분야에서 어떤 길을 가더라도 그것을 훨씬 더 잘할 수 있도록 도와주는 강력한 무기가 된다는 데 있다.

포틀랜드 주립대 스테판 레터 교수는 미국 교육부와 함께 '미국 성인들의 언어적 숙련도가 평생에 걸친 경제적 성공에 미치는 영향'에 대해 연구한 적이 있다.

이 연구의 결과는 실로 충격적이다. 특히 글쓰기를 평생 하지 않는 이들이 너무 많은 한국인들에게는 더욱더 그렇다. 연구결과에 따르면 글쓰기 능력이 최고인 그룹과 최하인 그룹은 오직 글쓰기 능력 차이만으로 세 배 이상 경제적 소득 차이가 생긴다고 한다. 글쓰기가 국가뿐만 아니라 개인의 경제적·사회적 성공을 결정짓는 데도 매우 중요한 요소라는 사실을 알 수 있다.

쓰기의 본질은 변화와 도전이다

쓰기는 언제나 한계에 대한 도전이었다. 어제도 그랬고, 오늘도 그랬다. 그리고 내일도 그럴 것이다. 쓰기는 항상 한계에 맞닥뜨리게 한다. 하지만 그것이 쓰기의 본질을 더욱더 위대하게 만든다. 그 이상도 그 이하도 아니다. 하지만 그래서 쓰기는 위대하다.

쓰기의 본질은 글쓰기 자체에 있는 것이 아니라 인생의 변화와 도전에 있다. 인생과 무관한 동떨어진 글쓰기가 있다면 나에게 보여달라. 글쓰기의 뿌리는 인생이며, 인생의 변화이며, 인생에 대한 도전이며, 인생에 대한 극복이다.

당신이 누구이든 무엇인가를 쓴다는 것은 그때부터 도전과 변화가 시작되었다는 것을 의미한다. 그래서 많이 쓰는 사람은 결국 많은 변화와 도전을 하고 있는 셈이다. 그렇게 많은 변화와 도전을 시도하는데 어떻게 변화가 일어나지 않을 수 있겠는가!

글쓰기는 보통 사적인 일로 시작된다. 하지만 그것이 결국은 공적인 일로 진화됨을 알게 된다. 그러다가 글을 쓴다는 것은 절대로 삶과 별개의 것이 아님을 깨닫게 된다. 글쓰기를 통해 바뀌는 것은 인간이 아니라 인간의 일평생 동안의 행적인 인생이다. 그런 점에서 읽기는 사람을 바꾸고, 쓰기는 그 사람의 인생을 바꾼다고 할 수 있다.

읽기를 하는 사람들은 자기 자신을 성장시키고 변화를 이룬다. 하지만 읽기만 한다고 인생이 달라지는 것은 아니다. 물론 사람이 어제와 다른 자신이 되면 어제와 다른 인생을 살아갈 수 있다. 읽기는 간접적으로 인생을 바꾸어 나간다. 하지만 쓰기는 간접적으로 바꾸는 차원을 뛰어넘는다.

그런 점에서 쓰기는 읽기보다 한 수나 두 수 위쯤 된다. 그래서 읽기는 누구나 도전할 수 있다. 어떤 목적을 가지고 있든 많은 사람이 하는 행위다. 그러나 쓰기는 그렇지 않다. 그래서 지금까지 쓰기는 아무나 도전할 수 없는 것으로 알려져왔다.

하지만 이제는 누구나 쓰기에 도전해야 할 필요가 있다. 아니다. 이 말은 틀렸다. 도전해야 할 필요가 있는 것이 아니라, 도전하지 않으면 안 되게 되어버렸다. 시대가 바뀌었기 때문이다.

중세시대에 글을 읽고 쓸 줄 모르는 문맹자들은 큰일을 꿈꾸거나 도모할 수 없었다. 무슨 삶을 살아도 글을 읽을 줄 아는 사람들보다 한 수 아래의 삶에 머물러야 했다. 그러다가 - 현대에 와서는 읽는 자와 읽지 않는 자로 나뉘게 되었다. 그래서 독서를 하지 않는 사람들은 중세시대 문맹자들과 다름없는 신세가 되었다.

그런데 지금은 이런 상황이 급속도로 달라지고 있다. 글을 쓰지 않는 사람들이 마치 중세시대 문맹자와 같은 그런 처지로 전락하고 있다는 것이다.

비유하자면 이렇다. 어떤 사람이 가만히 그 자리에 서 있다. 그런데 옆에서 다른 모든 이들이 뛰어가면? 그 자신도 뛰어야 뒤처지지 않을 수 있다. 그때가 바로 중세시대다. 현재에 와서는 다른 모든 사람이 자전거를 타고 앞서 가고 있다. 그래서 자전거를 타야 한다. 그것이 읽기였다.

그런데 지금은 하나둘 점점 더 많은 이들이 자동차를 타기 시작했다. 그 자동차가 바로 쓰기다. 당신이 읽어야 하고 쓰기를 해야 하는 이유가 바로 여기에 있다.

작가가 아님에도 당신이 쓰기를 해야 하는 이유가 비로소 분명해졌다. 이제는 쓰기가 과거의 읽기만큼 필수적인 행위가 되었다. 이 세상의 모든 것이 변한다. 읽기의 위상이 바뀌고 쓰기의 필요도가 바뀌었다.

이것을 빨리 깨닫지 못한다면 당신은 어두운 암흑 속으로 떨어지고 말 것이다. 밝고 환한 곳을 걸어가는 사람이 되어야 한다. 속이 시원해지는 문장을 읽은 적이 있다. 그래서 나는 기억하고 싶다, 배상문 씨의 이 말을 말이다.

선택받은 소수만이 '작가'라는 이름표를 달던 시대가 저물고 있음에 감사하자. 이제는 본질에만 집중하자. 글쓰기 자체에만 '올인'하자. 종이책이 되었든 전자책이 되었든 등단을 하든 못하든 그런 문제는 전혀 중요하지 않다. 중요한 것은 당신에게 '메시지'가 있고, 이를 효과적으로 전달할 수 있는 '문장력'이 있는가 하는 것뿐이다. 그것만 확실히 손에 쥐게 되면 당신은 이미 '작가'다. 다시 강조하건대, 지금은 '개나 소나' 작가가 될 수 있는 시대다. 그러니까 당신도 써라!

_ 배상문, 《그러니까 당신도 써라》, 11쪽

'개나 소나' 작가가 될 수 있는 시대는 과거 조선시대에 '개나 소나' 책을 읽을 수 없는 그런 시대와 비교된다. 그러므로 이 시대를 사는 당신은 행복한 사람이다. 그러므로 당신도 그 행복을 누려보라.

작가라는 이름표를 달든 안 달든 상관없다. 그것은 중요하지 않다. 쓰기는 인생을 바꾸는 힘이 있고, 그래서 쓰기를 하지 않는 사람과 하는 사람은 인생의 변화 속도가 달라진다. 결국 쓰기를 하지 않는 사람은 10년 후에도 어제와 다를 바 없게 되지만, 쓰기를 하는 사람은 어제는 상상도 하지 못했던 눈부신 인생을 살게 된다.

쓰기는
인생을 바꾸는 마법

1920년 뉴욕의 거리에서 실제로 있었던 일이다. 번잡하고 복잡한 길에 어떤 맹인이 작은 푯말을 목에 건 채로 앉아 있었다. 그 푯말에는 다음과 같은 말이 적혀 있었다.

나는 맹인입니다.

그리고 그 맹인 앞에는 반경 10센티미터 정도 되어 보이는 낡은 원통 모금함이 놓여 있었다. 그 맹인 앞을 지나가는 사람들은 수십 명이 넘었지만, 단 한 명도 그에게 관심을 보이거나 적선을 하지 않았다.

그런 맹인 앞에 누군가가 멈추어 섰다. 그리고 그 사람은 한참 동안 맹인의 목에 걸린 푯말을 유심히 살펴본 후 그 푯말을 맹인의 목에서 빼들었다. 그러고 나서 그는 푯말에 적힌 내용을 다시 고쳐 썼다. 그렇게 한 후 그 사람은 다시 맹인의 목에 그 푯말을 걸어두고 가던 길을 갔다.

그가 지나간 후 놀라운 일이 벌어졌다. 믿기 어려울 정도였다. 바쁘게 지나가던 사람들이 걸음을 멈추고 맹인에게 한 푼 두 푼 적선을 하기 시작했던 것이다. 과연 무슨 일이 벌어졌을까? 왜 사람들이 갑자기 천하에 둘도 없는 선인善人으로 돌변해버린 것일까?

사람들이 돌변한 것은 지나가던 그 사람이 쓴 글 때문이었다. 푯말에는 이런 말이 적혀 있었다.

눈부시게 아름다운 봄입니다. 하지만 저는 볼 수 없답니다.

내가 말하고자 하는 것이 바로 이것이다. 이것이 바로 글쓰기의 마법이며, 글의 힘이다. 맹인의 글을 바꾸어준 사람은 앙드레 부르통이라는 시인이었다.

맹인은 결과적으로 누군가의 글쓰기를 통해 큰 변화를 경험하게 된 것이다. 당신도 앙드레 부르통처럼 할 수 있다. 글은 하나의 도구며 수단이기 때문이다.

차를 타면 시속 100킬로미터의 속도로 목적지에 도달하는 것이 누구에게나 가능하다. 이처럼 글을 쓰면 누구나 현재보다 훨씬 더 빨리 목적지에 도달할 수 있다. 그것도 더 효과적으로, 더 쉽게, 더 높게 말이다.

우리의 일상은 그대로 두면 흩어져서 무질서한 상태가 되어 사라져 버리고 무의미해지지만, 글을 쓰게 되면 우리의 일상을 새로운 것을 창출해내는 창조의 순간으로 바꿀 수 있다. 이것이 글쓰기의 위력 중 하나다. 어디 이것뿐이겠는가?

쓰고 또 쓰다 보면, 어느 순간 뇌 속에서 호르몬이 분비된다. 바로 달리기를 하는 사람들이 느끼는 '러너스 하이runner's high' 같은 경험을 할 수 있게 되는 것이다. 이러한 행복감을 한번 느끼게 되면, 글쓰기보다 더 강한 쾌감은 이 세상에서 절대로 찾아볼 수 없음을 알게 된다.

러너스 하이를 경험한 사람들은 비가 올 때도 우산을 들고 조깅을 한다. 글쓰기에 중독된 사람들도 이와 다르지 않다. 지하철에서, 기차에서, 심지어 길거리에서 쓰고 또 쓰게 된다. 이것이 마법이 아니면 또 무엇이겠는가?

쓰기 이후, 그 달라진 인생으로 초대한다

만약 내가 도서관에 들어간 이후부터 지금까지 책 읽기에만 미쳐 있었다면, 지금 나의 인생은 어떻게 되었을까? 사실 생각만 해도 아찔하고 끔찍하다.

독서만 하고 글쓰기를 하지 않았다면 생활고로 빚은 더 늘었을 것이고, 가정은 파탄 직전까지 갔거나 매우 위태로운 가족관계를 근근이 유지하며 살고 있을 것이다.

글쓰기를 시작하면서 가장 먼저 달라진 점은 적지만 수입이 생겼다는 것이다. 비록 그 수입이 불규칙하고 적지만 단 한 푼도 벌지 못했던 도서관 생활 3년과 비교할 때 조금이라도 있다는 것은 엄청난 차이였다.

글쓰기를 통해 달라진 것은 단지 그뿐만이 아니다. 눈에 보이지 않는 어마어마한 것들이 달라졌다. 나는 그것을 책을 한 권이라도 출간한 사람이 누릴 수 있는 엄청난 특권이라고 생각한다.

가장 먼저 사람들이 나를 '작가님' 혹은 '작가 선생님'이라고 부르기 시작했다. 이런 호칭이 별것 아닐 수 있다. 하지만 돈으로 환산할 수 없는 자부심을 안겨준다는 것은 인정하지 않을 수 없다.

책을 쓰기 시작하면서, 아무리 책을 많이 읽어도 그것은 자기 자신이라는 울타리 안에서의 혁명에 지나지 않음을 비로소 알게 되었다. 읽기와 달리 쓰기는 자기 자신이라는 울타리를 과감하게 넘어선다. 그래서 자기 자신의 외부 세계인 세상에서 혁명을 일으킨다.

책을 쓰기 시작하자 갑자기 내가 만나는 사람들의 면면이 바뀌었다. 모두 작가들이고 선생님들이고 교수들이고 대표들이었다. 그리고 그들도 모두 나를 '작가'라고 불러주었다.

가진 것의 양은 변함이 없었지만 인맥 네트워크의 세계가 갑자기 달라졌다. 더 놀라운 사실은 작가가 되어 이름이 조금 알려지자, 크고 작은 행사에 강사로 초청하는 섭외가 들어온다는 점이었다.

평범한 사람으로 40여 년을 살아왔던 나에게 이것은 기적과 같은 일이다. 나는 '국민 행복 토크 콘서트'에 40대 대표로 초대받아 출연한 적이 있다. 〈조선일보〉나 〈동아일보〉에 나의 인생과 책 이야기가 기사화되어 실린 적도 있고, 라디오와 TV 방송에도 출연했다.

평생 경상도와 서울에서만 살았던 내가 전라도 지역에 있는 대학교로 강연을 나가고, 강연차 제주도까지 가게 되었다. 태어나 처음 가본 전라도에서 나를 알아보고 인사하는 사람이 있다는 사실은 엄청난 경험이 아닐 수 없다.

내가 아는 사람 중 한 명은 1인 기업을 3년 전에 시작해서 지금까지 하고 있다. 그런데 최근에 한 권의 책을 출간했다. 그가 그 책을 출간하고 나서 한 달간 출강한 강의와 출연한 방송은 지난 3년 동안의 강의와 방송 출연에 맞먹는다고 한다.

책은 이만큼 강한 위력을 가지고 있다. 글을 쓴다는 것 자체만 해도 굉장한 일이지만, 그 글들이 책으로 출간되면 그 파급효과는 상상을 초월한다.

한 권의 책이 10만 부 이상 팔렸다고 생각해보자. 그러면 당신은 일단 베스트셀러 작가라는 소리를 듣게 된다. 명성을 얻는 것이 전부가 아니다. 한 권의 책을 쓰고 1억 원 정도를 인세로 버는 것이다. 이것뿐만이 아니다.

10만 부 이상만 팔려도 당신의 이름을 아는 사람들이 적지 않고, 강의 요청이나 방송 섭외가 적지 않게 들어온다. 당신이 유명인사가 되는 것이다. 유명인사가 된다는 것은 평생 먹고살 수 있는, 상상도 할 수 없는 많은 기회를 얻게 되었다는 것과 다를 바 없다.

돈과 명예와 평생 먹고살 수 있는 수많은 기회를 단 한 권의 책을 통해 얻을 수 있다. 물론 책을 출간해서 이런 기회를 전혀 얻지 못하는 사람들도 많다. 하지만 책을 출간하지 않으면, 이런 기회를 얻을 수 있는 최소한의 계기조차 자기 자신에게 부여하지 않는 셈이다.

글을 쓰고 책을 출간하면서 가장 좋았던 점은 평생 현역으로 일하면서 살 수 있는 인생의 길이 열렸다는 사실이다. 아무리 좋은 직장을 다니고 있다 해도 50대가 되면, 아니 심지어 40대에도 물러나야 한다.

퇴직하고 나서 힘든 인생을 살아가는 사람들이 적지 않다. 당연히 목소리가 작아지고 몸이 움츠러들게 된다. 하지만 글을 쓰면서 살아가는 인생은 이때부터가 전성기인 셈이다. 얼마나 멋진가?

다른 사람들은 전성기를 지나 침체기를 살다가 가야 하는데, 글을 쓰는 사람들은 이제부터가 전성기다. 이것은 글을 쓰며 사는 사람들만이 가질 수 있는 특권이자 축복이다.

비난과 혹평은 세상의 이치,
그러니 연연하지 마라

글쓰기를 업으로 삼고 살아가야 할 사람들에게 꼭 해주고 싶은 말이 있다. 그것은 1만 명의 독자들로부터 1만 가지의 평가를 듣게 된다 해도 당신은 여전히 당신이라는 사실이다.

이 세상에 퇴짜를 한 번도 맞지 않은 베스트셀러 작가가 있을까? 결코 없다. 이 세상에 단 한 번도 혹평이나 비난을 듣지 않은 작가가 있을까? 결코 존재하지 않는다.

그렇다면 이제 막 글쓰기를 시작한 당신과 내가 어떤 일을 겪는 것이 당연할까? 어떤 것이 자연스러울까? 비난과 혹평이 있는 것이 마땅하고 또한 자연스럽다. 단 한마디의 비난과 혹평도 받지 않으려고 하는 것은 그야말로 욕심이며 헛된 망상이다.

글쓰기를 시작하려는 이들에게 필요한 것은 1만 명의 독자들로부터 1만 가지 평가를 받게 되더라도 여전히 자신을 믿을 수 있는 용기다.

글쓰기만큼 주관적인 행동도 없을 것이다. 자기 혼자서 노트북이나 원고지에 글을 쓰면 되기 때문이다. 글을 쓰는 순간에는 그 누구도, 심지어 왕이나 대통령이라도 간섭할 수 없다. 그런 점에서 글쓰기는 가장 자유로운 행위다.

태산이 태산인 이유는 좋은 날씨만을 고집하지 않기 때문이다. 궂은 날씨는 말할 것도 없고, 눈보라와 태풍 그 어떤 것도 마다치 않기 때문에 태산이다. 바다가 바다인 이유도 이와 다르지 않다. 그 어떤 것도 다 수용할 수 있기 때문에 바다다.

작가는 태산처럼, 바다처럼 그렇게 되어야 하고 그렇게 된 존재임을 알아야 한다. 좋아하는 독자들이 있는 만큼 싫어하는 독자들도 반드시 있고, 호평만큼 혹평도 반드시 있는 것이 이 세상 이치다.

좋은 날씨만 거듭된다면 그 지역은 머지않아 사막이 될 뿐이다. 작가에게도 좋은 말만 하는 독자들만 있다면 그 작가는 머지않아 눈이 멀게 된다. 이내 방향감각을 잃고 형편없는 작가로 전락하게 된다. 그것은 가장 빨리 추락하는 길이다.

세상의 비난이나 혹평에 연연하지 않을 뿐만 아니라 세상의 칭찬과 찬사와 호평에도 무덤덤할 수 있어야 한다. 이것이 균형이다. 절대 자신과 자신의 책을 동일시하지 마라.

책을 쓰다 보면 좋은 책도 나오고 형편없는 책도 나온다. 이것에는 예외가 없다. 600편의 논문을 쓴 프로이트도 그렇고, 모차르트도 그렇고, 셰익스피어도 그렇고, 피카소도 그렇다. 이보다 더 중요한 사실은 이들 모두가 내놓은 처음 수십 권의 책 혹은 수백 편의 음악이나 논문이 '쓰레기' 같은 것들이었다는 점이다.

《꿈의 해석》을 통해 인류가 무의식의 세계를 인식하게 해준 프로이트는 논문을 발표할 때마다 "쓰레기 같은 저질 의사의 저질 논문"이라는 혹평을 들었다. 그는 평생 이런 말을 별명처럼 달고 살았다.

그러므로 세상의 비난과 혹평에 조금도 연연하지 않아도 된다. 세상이 심한 소리를 할수록 당신은 더 강해진다.

계속해서 글을 쓰는 사람이 결국에는 이긴다

우리 인생을 지켜보면 승자와 패자가 나뉘는 걸 볼 수 있다. 인생에 승자가 어디 있고 패자가 어디 있느냐고 반문한다면 어쩔 수 없지만, 외견상으로 볼 때 분명 잘나가는 사람이 있는 반면 그렇지 못한 이도 있는 게 사실이다. 그렇다면 그 이유는 무엇일까? 사회 구조적인 문제는 너무 복잡하고 큰 문제이기 때문에 여기서는 논외로 하겠다. 내가 이 책에서 주장하고 싶은 것은 글쓰기가 인생의 성패에 큰 영향을 끼친다는 점이다. 뭐라고? 무슨 말도 되지 않는 소리냐고? 그렇다면 한번 생각해보자.

지금은 어떤 시대인가? 무조건 열심히 노력만 하고 열심히 일만 한다고 해서 승자가 될 수 있을까? 좋은 스펙을 가지고 있다고 해서 무조건 크게 성공할 수 있을까? 천만의 말씀 만만의 말씀!

지금은 감성과 창조의 시대이다. 물론 남들보다 더 좋은 스펙이나 졸업장이 좋은 직장을 구하는 데 도움을 주는 것은 사실이다. 하지만 좋은 직장에 취직했다는 것이 성공을 보장하지는 않는다. 우리는 그런 시대에 살고 있다.

대기업이든 중소기업이든 아무리 좋은 직장이라도 취직했다는 것만으로 인생 전체가 성공적이라고 장담할 수 있을까? 나는 대기업에서 직장생활을 11년 해보고 나서 한 가지 사실을 깨달았다.

인생의 진짜 성공과 실패는 출신 대학교나 다니고 있는 직장의 등급이 아니라 직장을 다니면서 어떻게 직장생활을 했느냐 하는 것으로 결판난다는 사실이다. 똑같은 직장에서 수십 년 동안 함께 생활했던 두 사람의 인생 후반전이 극과 극인 경우가 적지 않은 것은 바로 이 때문이다.

글쓰기를 한다는 것은 계속해서 자신의 창작 능력을 발전시켜나간다는 것을 의미한다. 글쓰기를 하기 위해서는 남들보다 더 많은 책을 읽어야 하고 사색을 해야 하고 공부를 해야 한다.

그런 점에서 평소에 글쓰기를 하는 직장인과 그렇지 않고 여가에 친구나 동료를 만나서 유흥을 즐기는 직장인의 5년 후 모습은 매우 달라질 수밖에 없는 것이다.

직장을 다니면서 글쓰기를 하지 않는 사람들은 자신이 이미 배울 것은 다 배웠다고 생각하는 부류다. 하지만 대학을 졸업하고 직장을 다니면서도 여전히 글쓰기를 하는 사람들은 자신이 아직도 덜 배웠다고 생각하는 이들이다.

글 쓰는 사람들은 아무도 자신을 주목하지 않더라도, 시험을 치는 것이 아니더라도, 졸업 논문을 쓰는 것이 아닐지라도 계속 쓰고 또 쓰면서 자신을 성장시켜나간다. 그러나 자신의 인생에서 글을 쓰는 일을 다시는 반복해서 할 필요가 없다고 치부해버리는 직장인들은 더 이상 성장과 발전을 기대해볼 수 없다.

그래서 이런 사람들은 10년이 지나도 같은 자리에 머물러 있다. 10년 전과 10년 후의 인생이 전혀 차이가 없을 뿐만 아니라, 심할 경우 후배들에게 좋은 자리를 다 뺏기게 된다.

인생의 승자들은 출간과 상관없이 계속해서 글을 쓴다. 글을 쓰는 사람이기 때문에 그들은 나중에 승자가 된다. 하지만 패자들은 세상이 불공평하다고 불평만 할 뿐, 자신들이 왜 패자가 되었는지조차 깨닫지 못한다.

물은 길을 내고
사람은 글을 쓴다

물은 스스로 길을 낸다. 물은 웅덩이를 채우는 걸로 만족하지 않는다. 이내 곧 새로운 길을 만들어 흘러간다. 그러다가 또 다른 웅덩이를 채우고 또다시 길을 내고 흘러간다. 그렇게 흘러흘러 바다에 이르게 된다. 사람도 이와 다르지 않다. 살다 보면 스스로 길을 내게 된다. 나에게 있어 그 길은 바로 글쓰기였다.

남들이 보기에 삶의 정체 혹은 도기와 같았던 나의 무직자 생활은 사실 깊게 웅덩이를 파고 들어가는 과정이었다. 그것만으로 충분히 행복했고 좋았다. 하지만 그것은 자기기만이었다.

삶이란 혼자만의 것이 아님을 알게 되었다. 자기 혼자 태어나서 자기 혼자 성장하고 자기 혼자 세상을 경험하다가 자기 혼자 사라지는 것이 삶이 아니었다. 누군가를 통해 태어나고 누군가의 손을 통해 성장하며 누군가와 함께 세상을 경험한다. 또한 누군가에게 영향을 주고 사랑을 주고 누군가로부터 배우고 그 배운 것을 다시 또 다른 누군가에게 주는 것이 우리의 삶을 더욱더 풍요롭게 하고 의미 있게 하고 가치 있게 한다.

그런 점에서 나의 3년 동안의 읽기 수련은 웅덩이를 파는 기간이었다고, 혹은 내면에 내공을 쌓는 기간이었다고 할 수 있을 것이다. 어쨌든 그 기간은 나에게 매우 중요한 시간이었다. 그 기간에 쌓은 내공만큼의 삶을 살아올 수 있었고, 또한 타인에게도 영향을 끼칠 수 있었기 때문이다.

  하지만 그렇게 내공만 쌓고, 산속과 같은 도서관에서 혼자서 책만 읽는다고 인생 그 자체가 바뀌는 것은 절대 아니다. 물이 스스로 길을 내듯 인간은 스스로 인생을 개척해나가야 한다.

  나에게는 그것이 바로 글을 쓰는 것이었음을 이제야 깨달았다. 물이 스스로 길을 내듯, 나는 글을 쓰면서 인생의 길을 낸 것이다. 그런 점에서 글은 물길과 같다.

  물은 누가 시켜서 길을 내는 게 아니다. 그렇다고 부와 성공이라는 헛된 것들을 잠시 소유하기 위해서, 혹은 이름을 날리기 위해서 길을 내는 것도 아니다. 그저 그것이 본능이며 본질이기 때문에 그렇게 한다. 사람도 이와 다르지 않아야 한다.

  최소한 나에게는 그렇다. 물이 스스로 길을 내듯 나 또한 그렇게 글을 쓴다. 글을 쓰면 쓸수록 인생의 길이 열리고 삶에 가치와 의미가 더해진다. 그러나 이것이 글을 쓰는 이유의 전부가 아니다. 더 중요한 이유가 있다. 글쓰기가 인간의 본질에 가깝기 때문이다.

  그런 점에서 나의 글쓰기는 물과 닮았다. 물 흐르듯 글을 쓰고, 물처럼 욕심도 없이 꾸밈도 없이 의도도 없이 글을 쓰기 때문이다. 그렇게 길을 내고 흘러서 바다라는 새로운 세상과 조우하는 물처럼 나 역시 글쓰기를 통해 새로운 세상과 만났다.

  그 새로운 세상이란 바로 작가로 살아가는 삶이다. 그 삶을 경험해보지 않은 사람들은 그것이 어떤 것인지 상상도 하지 못할 것이다. 전혀 다른 신세계가 있음을 알고 난 후의 그 놀라움은 시골 산골에서만 살다가 뉴욕과 같은 대도시를 생전 처음 경험한 것 이상으로 크다. 그렇게 글쓰기는 나를 새로운 신세계로 인도했다.

미국의 정규교육 과정에서 쓰기 공부에 얼마나 공을 들이는지는 이미 정평이 나 있다. 또 미국의 대학 입학시험은 에세이가 합격을 좌우할 만큼 쓰기 능력 평가에 비중을 둔다. 그러니 고등학교 3년 내내 쓰기 훈련이 얼마나 치열할지 상상이 간다. 그뿐인가. 대학에서도 뭔가 쓰느라 바쁘다.
_ 송숙희,《당신의 글에 투자하라》

제2장

책 쓰기는 성장과 변화의 다른 이름이다

쓰기를 못하면
성장도 변화도 못한다

하버드 대학교 교육학 교수 리처드 라이트는 '똑같은 능력의 하버드생인데도 왜 어떤 학생은 성공적인 대학생활을 하고, 또 어떤 학생은 실패하게 될까?'라는 의문을 품었다. 그는 16년 동안 하버드 학생 1600명과의 인터뷰를 통해 하버드생들의 대학생활 성공비결을 밝혀냈다. 그리고 그것을 몇 가지로 요약해서 말했다.

놀랍게도 그중 하나가 바로 '글쓰기에 전념한다'이다. 그는 글쓰기는 성공의 키포인트라고 말한다. 내가 한국에서 대학교를 다닐 때 4년 동안 글쓰기를 한 적이 한 번도 없었다는 것을 생각해볼 때 무척 놀라운 사실이 아닐 수 없다.

미국의 학생들은 정규교육 과정에서 이미 쓰기에 대해 배우고 또 배운다. 아마도 이골이 날 지경일 것이다. 그런데 그렇게 배우고 나서도 또 다른 글쓰기의 관문을 통과해야 한다. 대학 입학시험에서 가장 중요한 과목이 글쓰기인 에세이기 때문이다. 대학교에 입학을 해서도 마찬가지다. 가장 많이 신경을 써야 하는 과목이 글쓰기다.

여기서 끝이 아니다. 하버드 경영대학원에 입학하기 위해서는 여러 가지 주제를 놓고 자신만의 독창적인 글쓰기를 토대로 에세이를 써야만 한다. 미국 교육에서 가장 중요하게 여기는 부분이 바로 글쓰기다.

글쓰기를 잘하는 사람들은 성공도 쉽게 한다. 하지만 글쓰기를 잘하지 못하는 사람들은 쉽게 성공하기 어렵다. 이처럼 글쓰기와 성공은 직접적인 상관관계가 있다. 그 이유는 한두 가지만이 아니다.

여기서 성공은 단지 돈을 많이 벌고 지위가 높아지고 유명해지는 것만을 의미하지 않는다. 물론 이 책에서 성공은 이런 것들을 포함하지만, 이런 것들보다 더 큰 것에 초점을 맞추고 있다. 바로 자신의 성장과 변화다.

어제와 별반 다를 바 없는 정신세계를 가지고 있는 사람을 절대로 성공했다고 말하지 않는 이유가 바로 이것이다. 갑자기 벼락부자가 되었다고 해도, 의식이 하나도 달라지지 않고 성장하지 않은 사람들을 성공했다고 간주하지 않는다.

반대로 사회적 지위나 부와 명성은 그대로이더라도 의식이 하루하루 달라지는 사람은 하루하루 성공하고 있다고 인정한다. 그런 점에서 책 쓰기만큼 성장과 변화를 도와주는 것은 없다. 이렇게 내면적인 것이 가장 중요하지만, 외면적인 것들을 예로 들어야 독자들이 쉽게 이해할 것 같다. 그래서 다음의 이야기를 하겠다.

　글쓰기를 잘한다는 것은 자신을 잘 표현할 수 있는 능력을 가지고 있다는 말이다. 자신을 잘 표현한다는 것이 지금 이 시대에 왜 그렇게 중요할까? 과거에는 문필가에게만 중요시되었던 글쓰기의 가치가 지금 이 시대에는 모든 이들에게 똑같이 적용되고 있다.

　그것은 이 시대가 점점 더 복잡해지고 있기 때문이다. 전문가도 더 이상 전문가 자격증만으로 과거처럼 대우와 인정을 받지 못한다. 전문가 자격증만으로는 턱없이 부족하다. 많은 이들에게 읽히는 책들을 출간한 전문가와 그 분야에 관련된 단 한 권의 책도 출간한 경험이 없는 전문가는 하늘과 땅만큼의 차별을 받게 된다. 그것이 현실이다. 더 중요한 것은 자격증이 없는 사람조차도 내용이 좋고 많은 사람에게 읽히는 책을 한두 권 출간하면 전문가로 인정받게 된다는 사실이다.

　아무리 좋은 지식과 콘텐츠를 가지고 있는 사람이라도 그것을 세상에 알림으로써 자신이라는 사람이 동시대에 살고 있음을 세상 사람들에게 인식시키는 일이 더욱 중요한 시대가 되었다. 즉 자신의 능력이 어떤지보다 더 중요한 것은 세상이 당신을 어떤 사람으로 아는가다. 그런 점에서 글을 쓸 줄 아는 사람과 쓸 줄 모르는 사람 사이에는 넘을 수 없는 큰 차이가 생긴다.

　벤저민 프랭클린은 글쓰기를 통해서 부자가 되고 성공한 사람의 대표적인 예다. 그는 당당하게 자신의 출세에 핵심적으로 기여한 것이 바로 글쓰기였다고 밝히고 있다.

산문을 쓴다는 것은 내 인생 역정에서 여간 쓸모가 많지 않았을 뿐
아니라 내 출세의 핵심 수단이기도 했다.

_ 존 맥스웰 해밀턴, 《카사노바는 책을 더 사랑했다》 중에서

한 권의 책은 당신이 상상도 하지 못하는 힘을 가지고 있다. 당신이 잠을 자고 휴식을 취하고 여행을 다녀도 그동안에 책은 쉬지 않고 당신을 홍보해주고 당신이란 사람에 대해 목에 힘을 주어 연설한다. 그것이 바로 당신이 쓴 책이 당신을 위해 하는 일이다.

쓰기를 못하면 성공만 못하는 것이 아니다. 영국에서는 대학 입학도 못한다고 한다. 지원자들에게 한두 개의 키워드로 에세이 쓰기를 하게 해서 그 글솜씨로 대학 입학을 결정하기 때문이다.

영국 옥스퍼드 대학교 올소울즈칼리지는 시험에 합격한 우수한 이들이 모여서 공부하는 단과대학인데, 지원자들은 '키워드로 에세이 쓰기'를 통해 선발된다. 그게 어떤 단어든 그 단어 하나를 토대로 세 시간 동안 에세이를 쓰는데, 이 시험만으로 지원자의 지식과 창조적 능력을 가늠한다.

널리 알려진 대로 서양의 제도권 교육은 쓰기 훈련에 매우 오랫동안 매달려왔다. 개인과 사회의 지적 경쟁력을 제고하는 데는 지식과 경험을 조직화하여 언어로 창조해내는 쓰기만 한 능력이 없음을 오랜 경험으로 알았기 때문이다.

_ 송숙희, 《글쓰기의 모든 것》, 17쪽

나는 세계적인 리더들이 서양에서 많이 배출되는 이유가 결국 글쓰기와 관련이 있다고 생각한다. 내가 가장 안타깝게 생각하는 것 중 하나는 일제강점기 35년 동안 우리나라가 손해본 것들이다. 돈으로 환산할 수 없는 엄청난 것들이 이 땅에서 자취도 없이 사라졌다. 그런 것 중 하나가 바로 조선시대에 가문마다 내려왔던 세계 최고의 독서법이다.

그리고 독서법과 함께 사라졌던 것이 글쓰기를 통해 인재를 등용하는 관습이었다. 글쓰기를 통해 인재를 등용한다는 것은 그 나라의 글쓰기 수준을 가늠해볼 수 있고, 글쓰기를 얼마나 생활화하고 있는지를 알게 해준다.

글쓰기를 통해 인재를 등용하는 나라나 사회, 그리고 객관식 시험 성적 위주로 사람을 평가하고 그 결과를 토대로 인재를 등용하는 그런 나라와 사회의 격차는 도저히 말로 설명할 수 없다.

쓰기는 인생을
효율적으로 만들어준다

글쓰기만큼 자신의 인생을 효율적으로 만들어주는 것도 이 세상에 없다. 당신이 방송을 하는 방송인이든, 직장생활을 하는 직장인이든, 정치를 하는 정치인이든, 학생을 가르치는 교사든, 심지어 구멍가게를 하는 상인이거나 떡볶이가게 주인이라고 해도 말이다.

글을 쓰는 사람들은 글을 통해 많은 것을 깨닫게 된다. 삶의 지혜와 일상의 반성은 말할 것도 없고, 자신이 생계를 유지하기 위해 하는 일에 대한 통찰과 성찰을 글을 통해 얻게 된다.

누군가가 써놓은 자신의 업종과 관련된 책들을 보면서 얻고 배우는 것도 있다. 하지만 가장 큰 배움과 깨달음은 자신이 직접 글을 쓰는 것을 통해 가능하다.

누군가가 써놓은 책을 통해서 배우는 것은 초급 단계다. 그 과정을 지나면 더 이상 많은 것을 배울 수 없게 된다. 그런 경우 포화 상태가 된다. 포화 상태일 때는 자연스럽게 배출하고 분출하는 과정을 선택해야 한다. 그 과정을 통해 균형과 순환이 이루어진다. 글을 쓴다는 것은 바로 이와 같다. 내가 읽기를 3년 동안 한 후 자연스럽게 쓰기를 하게 된 것도 이런 이치일 것이다.

글쓰기를 하면 유익한 점이 한두 가지가 아니다. 그중 하나는 인생을 심플하게 만들 수 있다는 것이다. 많은 사람들이 성공하지 못하는 이유 중 하나는 그들이 게으르거나 무능력하기 때문이 아니다. 효율적으로 인생을 관리하지 못하기 때문이다.

인생을 효율적으로 관리한다는 것은 하지 않아도 되는 일들을 선택하지 않는다는 것이다. 이와 관련하여 피터 드러커와 스티브 잡스, 그리고 '구글'이란 회사가 이심전심으로 똑같이 주장한 말 중에 의미심장한 대목을 찾을 수 있다.

가장 중요한 결정이란 무엇을 할 것인가가 아니라 무엇을 하지 않을 것인가를 결정하는 것이다.

글쓰기를 통해 우리가 배울 수 있는 최고의 유익은 무엇을 하지 않을 것인가를 잘 선택할 수 있게 된다는 점이다. 이런 점에서, 읽기가 어떻게 살아갈 것인가를 깨닫고 배우게 한다면 글쓰기는 무엇을 하지 않으면서 살아갈 것인가를 깨닫고 배우게 해준다고 할 수 있다.

동양의 고전들은 하나같이 "멈춤을 아는 것이 중요하다"고 말한다. 중국 최고 부자의 삶의 철학이 '지지知止: 멈춤을 알다'라는 말을 들은 적이 있다. 역시 대인다운 철학이다. 글쓰기는 지지를 알게 해주고 실천할 수 있게 해줌으로써 삶을 다이어트할 수 있게 해준다. 심플한 삶은 고수의 삶으로 가는 지름길이다.

글쓰기는 번잡하고 복잡한 인생을 단순하게 살 수 있는 길을 발견하게 해준다. 또한 글쓰기를 하게 되면 살아오면서 알게 모르게 품고 살았던 여러 가지 감정들을 하나씩 떨칠 수 있다. 그래서 미움이나 집착이나 아픔이나 분노나 후회나 아쉬움을 제거할 수 있게 해준다. 그럴 때마다 삶은 가벼워지고 심플해진다.

사막을 무사히 건너는 법은 짐을 버려 몸을 가볍게 하는 것이다. 당신의 인생에도 바로 이런 방법이 필요하다. 복잡한 이 세상을 오래 살았다면 당신에게 가장 필요한 것이 이 방법일지도 모른다.

인생이라는 사막을 행복하게 쉽게 편하게 건너고 싶은가? 그렇다면 삶을 가볍게 하고 효율적으로 관리하라. 그렇게 하기 위해서는 자신이 무엇을 해야 할 것인가보다는 이제부터 무엇을 하지 말아야 할 것인가를 발견할 수 있어야 한다. 그것을 깨닫게 하는 것이 바로 글쓰기다.

쓰기는 주인의 인생을 살게 해준다

쓰기 수련을 하는 사람과 그렇지 않고 그저 살아가는 사람 사이에는 한 가지 큰 차이가 발생한다. 아무리 부자가 되고 성공하더라도 예외가 없다. 글쓰기를 하는 사람은 자신이 쓴 글 속에서 자기 자신을 발견하게 된다. 이것보다 더 놀라운 일이 또 어디 있을까? 자기 자신을 발견한 사람과 그렇지 못한 사람은 뭐가 달라도 확실히 다르다.

나는 그것을 주인과 노예의 삶의 차이라고 생각한다. 노예는 아무리 열심히 살아도 자기 자신의 꿈을 실현할 수 없다. 자기 자신의 꿈이나 목표, 혹은 인생의 목적이라는 것이 애당초 존재하지 않는다. 하지만 글쓰기를 통해서 자기 자신을 발견한 사람은 그때부터 비로소 참된 꿈을 발견할 수 있고 인생의 목표와 목적을 가질 수 있다.

물론 글쓰기를 하지 않고서도 꿈을 가지고 꿈을 꾸는 사람들이 있다. 그뿐만 아니라 글쓰기를 하지 않고서도 삶의 목표와 목적을 가질 수 있다. 하지만 잘 생각해보라. 이들이 꿈과 목표와 목적을 갖게 된 계기는 바로 누군가가 써놓은 책들 때문이라는 사실을 말이다.

누군가가 이미 써놓은 책을 통해 새로운 꿈을 꾸고 새로운 인생의 목표와 목적을 발견하고 찾게 된다. 아마도 대부분의 사람이 이런 과정을 경험했을 것이다. 책을 읽었던 사람들이라면 말이다.

하지만 누군가가 이미 써놓은 책을 통해 갖게 되는 꿈과 목표와 목적은 한계가 있다. 이미 다른 누군가가 그 길을 걸어가고 있기 때문이다. 그런 점에서 누군가가 써놓은 글을 통해 꿈과 목표를 발견하고 그것을 좇아가는 삶은 유일무이한 삶이 될 수는 없다. 그래서 누군가가 써놓은 책을 통해 그것들을 발견하기보다는 자기 자신이 책을 쓰면서 새로운 길과 목표와 목적을 발견하고 찾아가는 일이 훨씬 더 위대하다.

그렇게 위대한 일을 할 수 있는 사람들은 두 종류뿐이다. 위대한 철학자나 사상가이거나 글을 쓰는 사람이다. 글을 쓰면 자신이 쓴 글을 통해 인생의 질과 격이 달라지기 때문이다.

누군가가 이미 써놓은 꿈과 목표, 인생길과 자기가 새롭게 쓴 꿈과 목표, 인생길 사이에는 엄청난 차이가 발생한다. 누군가가 이미 지나갔던 길을 가는 사람은 다른 말로 추종자에 불과하다. 하지만 아무도 발견하지 못한 꿈과 목표, 인생길을 좇는다면 당신은 개척자이자 주인이 된다.

글의 마법 중 하나는 이미 누군가가 써놓은 꿈과 목표가 아닌 새로운 꿈과 목표를 당신 스스로 만들어낼 수 있다는 것이다. 아무도 가지 않은 길을 가는 사람들이야말로 인생의 진정한 주인이 아니겠는가.

쓰기는
인생에 혁명을 가져다준다

약 10년 전에 나는 《48분 기적의 독서법》이라는 책을 출간하면서 부제로 '인생 역전 책 읽기 프로젝트'라는 문구를 붙였다. 그런데 지금 생각해보면, 이 말은 약간 과했다는 느낌이 든다.

인생을 역전시키는 프로젝트는 책 읽기만으로는 완전해지지 않기 때문이다. 책 읽기는 인간 그 자체를 변화시키는 데 가장 적합하지만, 실제로 인생 역전을 시켜주는 것은 책 읽기가 아니라 책 쓰기다.

엄밀하게 말해, 인간을 성장시키는 것은 읽기이고 인생에 혁명을 가져다주는 것은 쓰기다. 이 차이를 분별할 수 없는 사람은 아직도 산수와 수학을, 밥과 쌀을 구별하지 못하는 수준에서 벗어나지 못한 사람이라고 할 수 있다.

나도 마찬가지다. 내가 이 수준에서 벗어날 수 있었던 것은 오로지 쓰기를 했기 때문이다. 그렇다면 쓰기는 읽기가 가져다주지 못하는 그 어떤 것을 우리에게 제공해줄 수 있다는 말인가? 한마디로 그것은 혁명이다. 혁명과 같이 엄청난 것들이기 때문에 혁명이라는 말밖에는 더 이상 적절히 설명할 길이 없다.

생각해보자. 글을 쓴다는 것은 자신의 과거와 현재와 미래가 모두 함께 응축된 어마어마한 것을 글로 기록함을 의미한다. 반면 읽기는 누군가의 삶과 사상과 그 사람의 과거와 현재와 미래를 책을 통해 만나는 것이다. 즉 읽기에는 당신이 아닌 저자의 모든 것이 담겨 있는 것이다. 그런 점에서 읽기와 쓰기는 시작점이 다르다.

읽기는 그 책을 쓴 사람이 시작점이다. 그리고 그 책 내용의 대부분은 그 책을 쓴 사람과 연관이 있다고 할 수 있다. 하지만 쓰기는 전혀 다르다. 바로 당신, 즉 글을 쓰는 사람의 그 무엇인가가 그 책의 주제이며 내용이다. 이 차이를 알겠는가?

글쓰기는 책 읽기와 본질적으로 다르다. 책 읽기는 누군가가 시작한 것에 호응해주는 관객과 같은 역할이다. 하지만 책 쓰기는 내가 무대 위에서 연극을 해야 하는 배우가 되어야 한다. 또한 그 연극을 전체적으로 만드는 연출자가 되어야 하고, 시나리오 작가가 되어야 한다.

그런 점에서 볼 때, 읽기보다 한두 단계 위에 있는 것이 바로 쓰기다. 바로 이런 차이 때문에 100권의 책을 읽은 사람보다 그 분야와 관련된 책 한 권을 쓴 사람이 더 전문가 대접을 받는 것이다. 이것은 당연한 이치다.

감동을 주는 연극을 본 관객들도 그 연극에 빠져들고 몰입할 수 있다. 하지만 실제로 무대 위에서 연기를 한 배우의 몰입도와 비교한다면 비교 자체가 부당할지도 모른다. 심지어 그러한 차이가 있는 것이 당연하다.

인생에 혁명을 가져오기 위해서는 엄청난 충격과 에너지가 필요하다. 그래서 읽기보다 쓰기가 제대로 된 진짜 인생 혁명을 우리네 삶에 불러일으켜준다고 말하는 것이다.

다른 측면에서 살펴보자. 읽기를 통해 인생을 혁명하는 사람이 읽기를 하는 사람 중에 10퍼센트라고 가정해보자. 그렇다면 쓰기를 통해 인생을 혁명하는 사람은 90퍼센트라고 할 수 있을 정도다. 그 힘과 영향력에서 이렇게 큰 차이가 있다고 말하고 싶다.

이것은 의식과 무의식의 차이와 같다. 빙산의 일각만 본다면 읽기는 빙산의 일각에 해당한다. 쓰기는 빙산의 일각이 아닌 눈에 보이지 않는 90퍼센트의 빙산에 해당한다. 의식과 무의식은 1대 9 정도로 큰 힘과 영향력의 차이를 가지고 있다고 한다. 그런 점에서 읽기와 쓰기는 정확하게 의식과 무의식의 관계에 대응한다고 할 수 있다.

쓰기의 또 다른 힘,
명품 인생을 위한 스마트한 전략

성공의 비결은 한둘이 아니다. 어떤 사람은 죽도록 열심히 일해서 부자가 되기도 하고 직장에서 치열하게 노력해서 높은 자리까지 승진하기도 한다. 또한 많은 이들이 이렇게 힘겹게 노력해서 성공을 거머쥐려고 한다.

하지만 그런 성공과 부는 배보다 배꼽이 더 큰 경우와 같다. 우리는 이런 경우를 '상처뿐인 영광'이라고 말하기도 한다.

어떤 사람들은 시간관리를 철저하게 하면 성공한다고 말한다. 또 어떤 사람들은 인맥을 폭넓게 만들어놓으면 성공할 수 있다고 말한다. 또 어떤 사람들은 될 때까지 '무식하게' 도전하고 또 도전하고, 포기하지 않으면 된다고 말한다.

그 어떤 방법도 쉽게 되는 것은 없다. 이 세상에 공짜는 없다는 말이 진리인 듯하다. 하지만 조금 더 스마트한 방법이 없는 것은 아니다. 내가 생각하는 가장 스마트한 성공전략은 글쓰기다.

글쓰기를 통해 인생이 완전하게 달라진 사람들, 글쓰기를 통해 생각도 못한 성공과 명예와 부를 획득하게 된 사람들이 한둘이 아니기 때문이다.

한비야 씨, 김정운 교수, 구본형 작가, 공병호 소장 등은 말할 것도 없고, 버락 오바마 대통령, 피터 드러커, 앨빈 토플러 등도 모두 그런 사람들이다. 이들이 모두 글을 잘 쓰지 못했다면 우리는 그들의 이름을 알지 못했을지도 모른다.

버락 오바마 대통령이 글을 잘 쓰지 못했다면 대통령에 당선되지 못했을 것이다. 그의 글쓰기 실력이 출중했기 때문에 대통령 후보의 자리까지 오르게 되었고, 결국 흑인 최초의 미국 대통령에 당선되었던 것이다. 만약에 그가 글쓰기를 잘하지 못했다면, 그리고 글쓰기를 하지 않았다면 그의 인생은 평범한 변호사에 머물렀을지도 모른다.

공병호 소장의 경우도 마찬가지다. 그가 글을 쓰지 않았다면 대한민국의 대표적인 1인 기업가로 우뚝 서지 못했을 것이다. 구본형 작가도 마찬가지다. 이들은 글을 통해 자기 자신을 성공적으로 알릴 수 있었다.

우리는 이 점에 주목해야 한다.

글쓰기는 가장 스마트한 성공전략이라는 점을 꼭 명심했으면 한다. 가장 경제적이고 효과적으로 또한 멋지게 자신을 알리고 홍보하는 수단이 바로 책 쓰기인 것이다. 여기서 스마트하다는 것은 좀 더 영리하고 현명하고 멋있다는 것을 의미한다. 책을 출간함으로써 작가가 되고 강사가 되어 수백 혹은 수천 명 앞에서 강의하는 자신의 모습을 한번 상상해보라. 전율감이 느껴지지 않는가.

글을 많이 쓸수록 당신의 인생은 성공에 한 발자국 더 가까워진다. 이 사실을 믿기 바란다. 글을 많이 쓰면 쓸수록 당신의 인생은 위대함을 향해 진격하게 된다. 그 이유는 당신이 위대한 존재이기 때문이 아니라 글쓰기가 위대하기 때문이다.

글을 쓴다는 것은 단순히 지적·예술적 호기심을 채워가는 것이 아니다. 그것은 인류에게 자신의 과거와 현재와 미래를 모두 넘겨줌을 의미한다. 글을 쓴다는 것은 인생의 의미를 깨닫고 더 나은 삶을 위한 출구를 발견함을 의미한다. 글을 쓴다는 것은 무엇보다도 인류에게, 후손들에게, 동료들에게 보다 나은 삶의 방향을 제시해주고 삶과 죽음, 세상과 사회에 대한 남다른 통찰과 사상을 제공해줌을 의미한다. 이처럼 글쓰기는 글 쓰는 이의 모든 것을 나눠주는 고귀한 행위다.

가치 있는 것을 만들거나 제공해주는 사람에게 그 가치만큼의 보상을 해주는 것이 성공의 일반적인 원칙이다. 그런 점에서 존재하지 않았던 발명품이나 과학적인 법칙이나 새로운 철학을 만들었거나 창안한 사람들이 성공하는 것은 당연하다. 글을 쓴다는 것은 바로 이런 행위를 하는 것과 다르지 않다. 결과적으로 이 세상이 좀 더 나은 방향으로 발전해나가는 데 알게 모르게 기여를 하게 된다.

당신이 글을 많이 쓸수록 성공에 한 발자국 더 가까이 다가갈 수 있는 이유가 바로 이것이다. 당신이 쓴 글이 가치가 있고 많은 이들에게 큰 용기와 감동과 기쁨과 즐거움을 주었다면, 그만큼 더 당신은 성공하게 되는 것이다.

바뀐 시대의 글쓰기는
프로와 아마추어를 가르는 기준이다

시대가 바뀌고 있다는 것을 의식하지도 못한 채, 어제와 같은 삶의 방식으로 어제와 같은 생각과 의식으로 하루하루를 살아가고 있는 사람들이 많다. 정말 안타까운 일이다. 그런데 이런 안타까운 상황의 주인공이 바로 우리 자신일 수 있다는 것이 문제다.

시대는 하루가 다르게 빠르게 변해가고 있는데 정작 자기 자신은 어제와 똑같은 오늘을 살아가고 있으면서도 아무런 문제의식도 느끼지 못하고 있다. 죄책감까지 느낄 필요는 없겠지만 이 세상과 자신을 제대로 직시하지 못하고 있다는 사실은 심각하게 받아들여야 할 것이다. 반드시 그래야 한다.

이 시대가 프로들에게 요구하는 것이 하나 더 추가되었기 때문이다. 그것도 최우선 순위로 가장 중요한 항목인지 모른다. 바뀐 이 시대가 프로들에게 요구하는 최고의 기술이자 도구, 혹은 무기는 바로 '글쓰기'다. 그냥 글쓰기가 아니라 경제적으로 사회적으로 가치를 만드는 글쓰기다. 송숙희 대표는 자신의 책을 통해 이런 글쓰기를 '프로페셔널라이팅'이라고 명명했다.

> 프로페셔널라이팅은 재편된 미디어 환경, 비즈니스 생태계를 살아가는 결정적 방법론이자 도구다. 프로페셔널라이팅은 정보콘텐츠를 생산하는데, 정보콘텐츠란 독자고객의 문제를 해결해줌으로써 고객과 소통하고 관계를 맺으며 그 대가를 받는 정보 기능의 콘텐츠다. 단지 '잘 쓴 글'을 너머 독자에게 유익하고 의미 있고, 값을 지불할 만큼 가치 있고 실용적인 메시지와 정보가 담긴 글쓰기를 이른다. 그러므로 프로페셔널라이팅은 경제적 가치를 발생시키는 글쓰기다.
>
> _ 송숙희, 《글쓰기의 모든 것》, 19~20쪽

글쓰기는 이제 프로와 아마추어를 가르는 가장 확실한 기준인 셈이다. 당신을 프로로 볼 것인가 아니면 여전히 아마추어로 볼 것인가를 판가름하는 것은 이제 당신의 업무 실력이 아니라 당신의 글이다. 그러므로 이 시대를 살면서 글쓰기를 하지 않겠다고 고집부리는 것은 평생 아마추어로 대우받으면서 살겠다고 말하는 것과 같다.

세상일은 결국 이제 글쓰기로 판가름나게 되어버렸다. 그것을 인정해야 한다. 살아남는 자는 강한 자도 영리한 자도 아니다. 변화에 가장 잘 적응하는 자다. 이 시대의 변화 중에 가장 큰 변화는 글쓰기가 발휘하는 영향력의 변화이다. 즉 이제는 글을 쓰는 자가 생존하는 시대인 것이다.

쓰기는 자신의 진짜
강점을 찾게 해준다

쓰기 수련은 우리를 바꾸어놓는다. 그런 점에서 글쓰기는 매우 중요하다. 무엇보다 글쓰기는 생각하는 능력에 큰 영향을 미친다. 글쓰기는 우리의 생각을 좀 더 논리적으로 창의적으로 조직적으로 목적적으로 만들어준다.

일상 속에서 우리가 하는 생각은 거의 단편적이고 연결성이 없어 타인에게 영향력을 끼칠 수 없는 것들이다. 이런 단편적인 생각들은 글쓰기라는 과정을 통해 연결성과 조직성을 갖추게 되고 결국 타인과도 상관이 있는 생각들로 바뀌게 된다. 한마디로 글쓰기를 하면 생각의 질과 격이 달라진다. 생각의 수준이 달라지면 결국 바뀌는 것은 우리의 인생 그 자체다.

쓰기 수련의 유익함 중에서 최고는 자기 자신이 진정으로 어떤 사람이었는지를 발견하게 된다는 것이다. 사람은 40년을 살고서도 자기 자신에 대해 정확히 알지 못하는 경우가 비일비재하다. 나 역시 그랬다. 40년이 아니라 평생 참된 자신을 발견하지 못한 채 그렇게 바쁘게 살다가 사라지는 사람들도 적지 않다. 그런 점에서 너무 바쁘게 사는 것은 결국 자기 자신도 잃고 인생도 잃게 만들지 않을까? 글쓰기는 이러한 병폐를 막아준다.

바쁠 망忙자를 보면 우리가 왜 바쁘게 살아서는 안 되는지를 잘 말해준다. 바쁠 망자는 결국 마음心이 망亡했다는 것을 의미한다. 마음이 조급해지고 안절부절못하는 상태에서 어떻게 자기 자신을 발견할 수 있겠는가?

쓰기 수련을 하게 되면 복잡하고 번잡하고 바쁜 세상에서 잠시 벗어나 혼자만의 조용한 시간을 가질 수 있게 된다. 당연히 그 순간은 굉장히 소중하며 가치 있다. 또한 쓰기를 통해 자신의 생각이 확장되고 수준이 높아진다.

그러한 성장을 통해 결국 발견하게 되는 것이 바로 자기 자신이다. 자신이 진정으로 무엇을 원하는지 그리고 진정 무엇을 잘할 수 있는지를 밝혀 볼 수 있게 된다. 한마디로 쓰기는 진짜 자신을 발견할 수 있게 해주고 자신의 강점을 찾게 해준다.

자기 삶의 주인이 되는 자기 혁명을 이루기 위해서는 글을 써야 한다. 글을 통해 자신의 강점을 발견하면 그것이 자기 혁명의 시작점이 될 수 있기 때문이다.

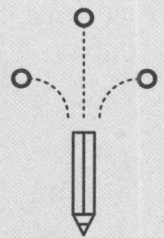

글을 쓴다는 것은 삶을 고양시키는 것이며, 궁극적으로 무한히 즐거운 행위다. 창조성의 분출인 글쓰기는 영혼의 상처를 치유하며, 영혼을 성숙케 한다. 그러나 반드시 글쓰기 강좌나 글쓰기 선생을 찾아갈 필요는 없다. 소설 작법이나 시 작법 따위의 책을 읽을 필요도 없다. 글을 쓰기 시작하는 데에는 어떤 마법도 필요치 않다. 마법의 환상을 버리고 글과 씨름하며 포기하지 않고 계속 글을 쓰다 보면 역설적으로 진짜 마법 같은 일이 일어난다.
_ 로버타 진 브라이언트, 《누구나 글을 잘 쓸 수 있다》

독서는 풍부한 사람을, 담론은 용의주도한 사람을, 글을 쓰는 것은 정확한 사람을 만든다.
_ 베이컨, 《수상록》, '공부에 관하여'

제3장

책 쓰기는
박사 학위나 전문 자격증
그 이상이다

Revolution of Writing Yourself

더 이상 박사 학위, 자격증,
좋은 직장만으로는 안 된다

> 우리가 글을 써야 하는 가장 큰 이유는 우리 자신이 작가이기 때문이다. 글을 쓴다는 것은 타고난 권리다. 보물 상자를 여는 열쇠처럼 높은 차원의 영적인 존재들은 글을 통해서 우리에게 말을 건다. 영감, 뮤즈, 천사, 신, 예감, 직감, 영적인 길잡이. 또는 그저 달콤한 이야기라고 불러도 좋다. 어떻든 그것은 우리 자신보다 더 큰 어떤 존재와 연결시켜주며, 긍정적인 태도로 활력이 넘치는 삶을 살도록 해준다.
>
> ─ 줄리아 카메론, 《나를 치유하는 글쓰기》, 서문에서

우리가 글을 써야 하는 가장 큰 이유는 우리 자신이 삶을 살아가고 있고, 그 삶을 좀 더 나은 것으로 만들어야 할 보이지 않는 의무와 특권을 동시에 가지고 있는 존재들이기 때문이다.

이를 더 현실적으로 표현하면, 우리가 글을 써야 하는 이유 중 하나는 더 이상 박사 학위로는 안 되기 때문이다. 그리고 이와 더불어 더 이상 자격증만으로는 안 되기 때문이다. 이와 함께 더 이상 좋은 직장만으로는 안 되기 때문이다.

당신이 풍요롭게, 여유롭게, 즐겁게, 신 나게 살기 위해서는 이제 박사 학위로는 부족하다. 자격증이나 전문 직종이나 좋은 직장만으로도 부족한 시대가 왔다. 그러므로 당신이 쓰기 수련을 해야 하는 이유가 생기는 것이다.

당신의 삶을 풍요롭게 해주는 것은 이제 박사 학위나 좋은 직장이나 자격증이 아니라 당신만의 콘텐츠다. 이 말이 의미하는 것을 한마디로 하면 이렇다. "시대가 바뀌었다!" 이제는 지식과 정보 사회가 아니다. 너무 식상하고 진부한 표현이지만 어쩔 수 없이 사용해야겠다. 이제는 감성과 창조의 시대다. 그리고 이 시대에 가장 중요한 힘을 가진 것은 지식이나 정보가 아니라 새롭고 독창적인 콘텐츠다. 그래서 이 시대를 다른 말로 표현하면, '콘텐츠의 시대'라고 할 수 있다.

이제 당신에게 부와 성공을 가져다주고, 명성을 얻게 해주는 것은 지식이나 정보가 아니라 당신만의 콘텐츠다. 즉 당신의 삶을 변화시키고 풍요롭게 해주는 것은 박사 학위나 전문직 자격증이 아니라 당신만이 가지고 있는 콘텐츠다. 그런 콘텐츠를 만들어낼 수 있는 가장 위대한 방법이 바로 글쓰기다.

콘텐츠를 만들어내는
가장 위대한 방법, 글쓰기

글쓰기는 다름 아닌 바로 우리들의 삶이다. 글을 쓰지 않고 살아갈 수도 있지만, 중요한 것은 어떤 인생을 살더라도 글쓰기가 매우 중요하고 필요해졌다는 사실이다.

이제는 지식과 정보가 돈이 되는 시대가 아니다. 그보다는 남과 다른 자기 자신만의 콘텐츠가 돈이 되는 시대다. 그것이 경쟁력이고 무기다. 그런데 보통 사람들이 그러한 콘텐츠를 어떻게 만들 수 있을까?

유명한 영화배우나 탐험가, 혹은 모험가들은 자기 자신만의 콘텐츠가 어느 정도 형성되어 있다. 그런 사람들의 삶이 하나의 콘텐츠가 되는 이유는 남과 다른 삶이기 때문이다. 그렇다면 당신은 어떤가? 남과 다른 당신만의 콘텐츠를 세상에 내보여줄 수 있는 그런 삶을 살아왔는가?

많은 사람이 그저 평범하게 살아왔다고 답할 것이다. 나 역시 10년 전까지만 해도 평범한 샐러리맨이었다. 그런데 지금은 책 수십 권의 콘텐츠를 가지고 있고, 또한 그것을 날마다 생산해내는 사람이 되었다.

그 비결은 무엇일까? 바로 글쓰기였다. 읽기만 했다면, 그래서 오직 읽기만 하는 바보로 평생 살았다면 나에게는 그 어떤 콘텐츠도 존재하지 않았을 것이다. 하지만 지난 10년 동안의 글쓰기를 통해 남들과 전혀 다른 독특한 콘텐츠를 확보할 수 있게 되었다. 그런 점에서 나에게 글쓰기는 진정으로 자기 자신을 발견하게 해준 도구다. 그리고 삶의 전부가 되었다.

글쓰기는 또한 숨쉬기와 같다. 그래서 잘 쓰는 것도 좋지만 어떤 상황에서도 멈추지 않고 쓰는 것이 중요하다. 살다가 삶의 상황이 조금 나빠진다고 숨쉬기를 멈추는 것은 상상조차 할 수 없다. 나는 글쓰기도 이와 다르지 않다고 생각한다.

멈추지 않고 쓸 때 진짜 인생이 펼쳐진다. 인생을 살아낸다는 것은 참으로 대단한 일이다. 최소한 나에게는 그렇다. 거친 사막을 건너가는 것보다 더 힘들고 어려운 일인지도 모른다. 사막을 잘 건너가기 위해서는 절대 멈추어서는 안 된다.

글을 쓸 때 진짜 인생이 펼쳐지는 이유는 무엇인가? 글을 쓰면 자기 자신만의 새로운 콘텐츠가 생기기 때문이다. 새로운 콘텐츠는 감성과 창조의 시대에 가장 큰 재화가 된다. 다시 말해, 한 인간이 개인적으로 생산해낼 수 있는 것 중 최고의 콘텐츠는 글이라고 할 수 있다.

혼자서 스마트폰을 만들어낼 수 없다. 스마트폰을 만들기 위해서는 최소한 수십 개 업종과 수십 혹은 수백 명이 필요하다. 하지만 책은 다르다. 책은 공저보다 혼자서 집필하는 것이 더 일반적인 방법이다. 작가 혼자서 내용 대부분을 집필한다. 나도 10년 동안 100권 가깝게 책을 출간해오고 있지만 그중 공저는 단 한 권도 없다. 나는 책은 혼자서 쓰는 것이 바람직하다고 생각한다.

글은 혼자 써야 한다. 그런데 여러 사람이 혼자서 쓴 글들을 모아서 한 권의 책으로 만들면 공저가 된다. 하지만 글을 쓰는 과정에서는 분명 혼자서 작업하게 되어 있다. 그리고 그렇게 해야 한다. 그렇다면 책이라는 새로운 콘텐츠를 만드는 작업은 오로지 개인의 일이며 한 개인이 생산해낼 수 있는 몇 안 되는 콘텐츠 중 하나라는 점이 분명하다.

재미있는 사실은 새로운 지식과 정보를 전달하는 책보다 새로운 아이디어나 관점·사상·감성·가치를 제공하는 책이 지금 이 시대에 훨씬 더 각광을 받고 있다는 점이다. 이런 사실은 시대의 흐름과 변화를 잘 말해준다고 생각한다. 즉 '나'의 이야기는 힘이 세다는 사실이다.

글쓰기는 인간이 혼자서 무엇인가를 재창조하고 만들어낼 수 있는 위대한 도구며 수단인 동시에 목적이 된다. 그래서 글쓰기는 수많은 사람의 인생을 기적처럼 바꾸어놓고도 남는다. 글쓰기처럼 위대한 인생 혁명 수단은 존재하지 않는다.

피터 드러커는 지식사회가 시작되었을 때, 지식근로자라는 개념을 탄생시켰다. 그는 지식근로자의 가장 큰 힘은 스스로 지식을 생산해낼 수 있다는 점이라고 말했다. 개인이 비로소 생산수단을 보유할 수 있게 되었다고 찬사를 보냈던 것이다.

그런데 글을 쓴다는 것은 무한한 생산 공장을 스스로 가지고 있는 것과 다름없다. 한 권도 쓸 수 있고, 10권도 쓸 수 있고, 100권도 쓸 수 있기 때문이다. 쓰고 또 쓰면 그만큼 생산해낼 수 있기 때문이다.

이런 맥락에서 볼 때 글을 쓴다는 것은 무엇인가를 새롭게 생산해낸

제3장 책 쓰기는 박사 학위나 전문 자격증 그 이상이다 75

다는 것을 의미한다. 그리고 그것은 당신이 어마어마한 생산수단을 소유하고 있는 공장주이고, 사업주가 됨을 의미한다. 즉 '글을 쓴다는 것'은, '글을 쓸 수 있다는 것'은 어마어마한 콘텐츠 생산 공장의 주인이 되었다는 것을 뜻한다.

쓰기는 노년을 더욱더 풍요롭게 해준다

과거에는 오래 사는 것, 무병장수하는 것이 큰 축복이었다. 장수하는 노인들은 어디에 가도 복 받은 사람으로 부러움의 대상이 되었다. 그뿐만 아니다. 내가 어렸을 때는 장수하는 노인들은 그 사실 하나로 어르신 대접을 받았다.

즉 과거에는 오래 산다는 것이 하나의 큰 특혜였다. 그런데 지금은 오래 산다는 것, 그 자체만 두고 보면 절대 축복이나 은혜라고 할 수 없게 되었다. 폐지를 줍는 노인들, 혼자 궁핍하게 초라하게 외롭게 늙어가는 노인들이 너무나 많아졌기 때문이다. 더 중요한 사실은 옛날처럼 나이가 많다는 사실만으로 젊은이와 중년들이 어르신 대접을 해주지 않는다는 것이다.

지금 이 시대를 살아가는 사람들은 너무 바쁘게 살기 때문에 삶의 수단인 돈과 직장은 끝까지 붙잡고 중요하게 생각하면서도, 삶의 방향과 의미를 제시해주는 내면은 소홀하게 생각한다.

그 결과 노인이 되면, 사회적 대우와 경제적 여건이 최악의 상황이 될 뿐만 아니라 노인들 스스로가 정신적으로 궁핍해진다. 그래서 설 자리가 없어지게 된다.

열심히 살아왔다면 노년이 되었을 때는 좀 더 여유 있고, 풍요롭게 살아야 함은 당연하다. 하지만 현실은 그렇지 않다. 오히려 너무 바쁘게 열심히 살아왔기 때문에 황폐한 노년을 맞이하게 되었다.

노년을 풍요롭게 보내고, 나아가 노년을 인생 최고의 전성기로 꽃피울 수 있는 최고의 방법이 있다. 바로 글쓰기를 하는 것이다. 젊은이들은 따라올 수 없는 삶의 경험이 응축된 글을 쓰면서 노년을 보내면, 그것만으로도 노년의 삶은 초라해지지 않는다.

삶을 살아가는 자세 중에서 가장 나쁜 것은 '어떻게든 되겠지' 하는 것이다. 행복하게 나이 드는 건 배워야 할 수 있다. 풍요롭게 인생을 살아나가는 것도 배우고 익혀야 할 대상이다. 초등학생이 글자를 하나하나 배우듯 청년이든 노년이든 행복하고 풍요롭게 살아가는 방법을 배우고 익혀야 한다. 피터 드러커는 "나의 전성기는 60세부터 90세까지 30년이었다"고 말했다. 얼마나 멋진 인생인가?

당신도 이런 인생을 살 수 있다. 배우고 익히면 된다. 그 비결은 글쓰기다. 좀 더 구체적으로 말해서 읽기와 쓰기 수련을 지속적으로 하는 것이다. 그 과정에서 당신은 풍요롭고 행복한 삶을 사는 방법도 배울 수 있다. 그뿐만 아니라 실제로 풍요로워지게 될 것이다.

여생의 풍요로움은 일상에 떠밀리듯 정신없이 살아가는 이들에게는 주어지지 않는다. 그 풍요는 자기 자신을 위해 읽기와 쓰기 수련을 하고 이를 통해 자기 자신만의 콘텐츠를 만들고 새로운 지식을 배우며 의식을 확장시켜나가는 사람에게만 주어지는 선물이다.

삶의 질을 향상시키는 것은 습관이다. 습관 중에서 가장 중요한 습관은 읽기와 쓰기다. 그것은 그저 습관이 아니다. 인간을 바꾸고 인생을 바꾸는 위대한 습관이다.

쓰기는 수익률과
재미가 쏠쏠하다

글쓰기가 위대한 이유 중 하나는 투자 대비 수익률이 엄청나다는 점이다. 또한 초기 투자 자본금은 제로에 가깝다. 나는 글쓰기를 시작한 처음 한 달 동안은 문구점에서 원고지를 사서 사용했는데 쓰다 보니 원고지가 너무 불편하게 느껴졌다. 그래서 워드프로세서 기능만 가능한 20년도 더 된 노트북을 구입했다.

가격은 10만 원도 되지 않았다. 정말 깡통 노트북이다. 거의 타자기에 가깝다. 하지만 타이핑할 때 촉감과 느낌, 소리는 기가 막혔다. 그것을 능가하는 노트북을 만나보지 못할 정도로 예술에 가까웠다.

그 노트북 덕분에 나는 타이핑할 때 나는 소리를 좋아하게 되었다.

그것만큼 사람을 흥분시키고 가슴 설레게 하고 전율케 하는 소리가 또 있을까? 타이핑 소리는 계곡의 물 흐르는 소리와 같다. 그 어떤 오케스트라 소리보다 더 아름답고 더 경쾌하고 더 강하다.

이렇듯 쓰기보다 더 큰 인생의 기쁨은 없다고 단언할 수 있다. 적은 비용으로 이런 기쁨을 가져다주는 글쓰기야말로 최고의 수익률을 가졌다고 확신한다. 글쓰기의 최대 강점을 한 가지 더 들자면 재미를 꼽을 수 있다. 이 세상에서 무엇인가를 써내려가는 것보다 더 재미있고 스릴 넘치고 멋진 일이 또 어디 있을까?

노트북을 살 여유가 없는 이들도 도서관에 가서 컴퓨터를 사용하여 글을 쓰고, 웹에 올리고, 전자책으로 출판함으로써 자신의 이름을 알릴 수 있다. 그리고 누군가가 그것을 읽고 좋아하게 되어 입소문이 나면, 그 순간 수익이 창출된다. 당신의 이름이 알려지면 몸값이 높아진다. 여기서 당신이 부담해야 할 투자 비용은 물질적으로 제로인 셈이다.

사실 글을 쓸 때 느끼는 쾌감은 배설할 때 느끼는 본능적이고 원초적인 짜릿함과 비슷하다. 이런 점에서 글쓰기는 밥을 먹는 것, 식욕을 채우는 것과 같다. 글을 쓴다는 것은 생리적이고 본능적인 욕구와 다를 바 없다. 종이 위에 당신의 모든 것을 배출해내는 것이다.

인간은 먹어야 하고 먹은 만큼 배설해야 살아갈 수 있다. 육체적인 측면에서 이 두 가지는 매우 중요하다. 그렇다면 정신적인 측면에서 볼 때, 읽기와 쓰기는 이 두 가지와 완전히 닮았다. 읽는 것은 먹는 것과 같고, 쓰는 것은 배설과 같다.

그런데 육체적인 측면에서는 먹는 것은 영양가가 있고 배설물은 영양가가 없지만, 정신적인 측면에서는 반대다. 쓰는 것이 읽는 것보다 더 영양가가 있다. 작가의 입장에서는 읽기 또한 영양가가 높지만, 세상과 독자의 입장에서는 작가의 쓰기가 훨씬 더 영양가가 높다.

'돈'보다 '쓰기'가 더 큰 사회봉사다

많은 돈을 벌어서 그 돈을 인류와 사회를 위해 기부하는 것은 매우 아름다운 일이다. 하지만 그렇게 돈을 제공하는 일보다 더 아름답고 큰 사회봉사가 있다. 그것이 바로 '글쓰기'다.

누군가가 책을 쓰지 않았다면 이 땅에는 책들이 존재하지 않았을 것이다. 책이 존재하지 않는 세상을 상상할 수 있을까? 당연히 도서관도 존재하지 않을 것이고 그 어떤 문명의 발전도 한계에 부딪혔을 것이다. 하지만 누군가가 써놓은 책을 통해 인류는 지금까지 발전을 거듭해올 수 있었다. 이런 의미에서 볼 때 책을 쓰는 것보다 더 큰 인류에 대한 봉사는 없을 것이다.

돈은 고작해야 그 당시 삶을 물질적으로 조력해주는 역할을 해줄 뿐, 인류 문명 발달에 기여하지는 못한다. 다만 자본주의 사회에 들어와서 돈이 너무 중요한 것이 되어버렸을 뿐이다. 그럼에도 돈은 돈일 뿐이다. 물론 돈을 그 사회가 좀 더 역동적으로 돌아가게 해주는 하나의 윤활유로 볼 수 있겠지만, 돈 때문에 생기는 수많은 병폐도 무시할 수 없다.

인류의 발전과 발달을 이끌어온 것은 돈이 아니라 쓰기다. 아무리 열심히 잘 살아보기 위해 일하고 노력했다 하더라도, 책이 없었다면 발전은 미미했을 것이다. 하지만 인류는 책을 통해 최소의 노력을 들이면서도 엄청난 발전을 이루어왔다.

미국의 시사 주간지 〈타임〉은 지난 1000년 동안의 가장 위대한 인물로 구텐베르크를 선정했다. 나는 구텐베르크를 선정한 이유가 인쇄술 창안 때문만은 아니라고 생각한다. 그의 업적 중 최고는 인류의 위대한 유산인 《성경》을 인쇄한 것이라 평가할 수 있다. 그가 《성경》을 인쇄함으로써 마르틴 루터의 '95개조 반박문'은 힘을 받을 수 있었고 이를 통해 유럽에 종교개혁이 일어나는 일이 가능해졌다.

이처럼 한 권의 책은 파급 효과가 어마어마하다. 그것을 어떻게 말로 다 설명할 수 있을까? 설명을 시도한다는 것은 과한 욕심처럼 느껴진다.

책을 통해 인간은 자신을 재창조하고 문명 발전을 이뤄왔다. 그런 점에서 책을 만든 이들은 위대한 사람들이다. 당신이 이렇게 위대한 사람의 대열에 합류하는 방법은 글을 쓰는 것이다.

글을 쓸 자격이나 역량 같은 것은 애초에 없다. 쓰다 보면 는다. 쓰다 보면 자기 자신의 눈을 의심할 정도로, 도저히 믿을 수 없을 정도의 책을 쓰게 되는 날이 온다. 물통에 물이 다 차면 저절로 흘러넘치는 것처럼 말이다.

'돈'이나 '발명'보다 '쓰기'가 더 큰 사회봉사다. 본질적인 측면에서 돈도, 발명도 누군가가 이미 써놓은 책을 통해 탄생한 것들이기 때문이다.

쓰기는 삶을 치유하는 힐링, 그 자체다

나는 지난 2012년 6월부터 울산에서 매주 월요일 7주 프로그램의 글쓰기 강의를 진행했다. 처음 하는 강좌라 그리 널리 알려지지는 않았다. 물론 큰 성과도 이루지 못했다. 하지만 나는 그것이 처음이었기 때문에 성과가 없었다고는 생각하지 않는다. 이유는 따로 있다. 그것은 10명이 넘는 인원이 참여했기 때문이다. 10명 이상이 참여하는 글쓰기 수업은 큰 효과를 거두기 어렵다는 것을 프로그램이 끝나고 나서야 깨닫게 되었다. 과연 학교에서 수업하는 식으로 해서 어떻게 글쓰기를 온몸으로 체득하게 할 수 있을까? 그래서 이제는 최대 10명 이하의 인원으로 글쓰기 강의를 하고 있다. 가능하면 5~7명 수준으로 맞추려고 한다.

이 강의는 저자를 목표로 하는 프로젝트다. 참여한 사람이 8주 안에 책을 한 권씩 써내야 하는, 한마디로 엄청 '빡센' 글쓰기 수업이다. 나는 이 프로그램에 참여한 사람들을 통해 인간의 능력은 끝이 없다는 사실을 새삼 깨닫게 되었다.

나는 울산에서의 실패를 통해 소중한 교훈을 많이 배웠다. 인간관계가 돈보다 더 소중하다는 사실을 실제로 확인했고 글쓰기가 삶을 치유하는 최고의 힐링이라는 점도 발견했다.

참여한 수강생 중 한 사람은 자녀를 키우는 멋진 30대 여성이었다. 그런데 그분이 자신에게는 큰 상처가 있다고 했다. 자녀에게 잘해주지 못했다는 자책감이었다. 그런데 글을 쓰기 시작하면서 그런 상처가 완벽하게 치유되는 경험을 했다고 고백했다.

글쓰기가 삶을 치유하는 효과가 탁월하다는 것은 이미 널리 알려진 사실이다. 그렇다면 왜 그렇게 효과가 있는 것일까? 쓰기는 왜 이렇게 힐링의 효과가 강할까? 그 이유에 대해 나는 글쓰기를 통해 자신의 이야기를 듣기 때문일 것이라고 생각한다.

우리는 글쓰기를 통해 자신의 이야기를 하는 것 같지만, 사실은 그것을 통해 자신의 이야기를 듣는다. 그래서 우리는 글쓰기를 통해 존재하지 않지만 존재하는 그 누군가가 들려주는 바로 자기 자신의 이야기를 들으면서 조금씩 상처가 아물어가고 치유되는 과정을 경험하게 된다.

시간은 최고의 치유제다. 하지만 글쓰기는 그보다 더 빠르고 확실한 치유 효과가 있다. 글쓰기를 통해 조금 더 빨리, 그리고 조금 더 확실하게 자신의 이야기를 들을 수 있기 때문이다.

제삼자의 입장에서 누군가의 인생 이야기를 들으면 조금 더 많은 것들을 이해할 수 있고 동시에 다른 누군가가 되어서 자기 자신을 보듬어 줄 수 있게 된다. 그런데 글을 쓰는 그 순간에 그 사람은 자기 자신이 아닌 그 누군가가 될 수 있다. 결국, 글을 씀으로써 우리는 혼자가 아닌 여럿이 될 수 있다. 그래서 자신이 하나가 아님을 깨닫게 된다. 혼자가 아닌 여럿이 될 때 사람은 강해지고 회복될 수 있다.

쓰기, 강한 인생을 만들다

  사람은 쓰기를 통해 어제 살았던 인생보다 더 강한 인생을 만들어나갈 수 있다. 글쓰기를 통해 참담한 현실을 극복하고 위대한 삶을 살았던 사람들은 한두 명이 아니다. 장애 삼중고로 비참한 현실과 싸워야 했던 헬렌 켈러 여사도 그렇고, 흑인 여성 지도자 마야 엔젤루도 그렇다. 그들의 인생을 바꾼 것은 글쓰기였다.

  유배지로 내려간 다산 정약용을 일으켜 세운 것은 글쓰기였다. 하루아침에 사형수 처지가 되어 사랑하는 가족과 부와 명예를 모두 잃어버리고 단 하나의 희망조차 품을 수 없었던 보에티우스를 강하게 해준 것 역시 글쓰기였다.

  글쓰기는 왜 이렇게 사람을 강하게 만드는 것일까? 나는 글을 씀으로써 걱정, 근심, 불안, 불만족스러운 현실, 감당하기 힘든 중압감, 스트레스 등을 종이 위에 내려놓고 자기 자신은 오롯이 현실 세계로 되돌아올 수 있기 때문이라고 생각한다.

쉽게 말해서 글을 쓰기 전에는 고통과 스트레스를 주는 어떤 것을 전부 내가 껴안고 있다. 그런데 그런 고통과 스트레스를 글로 쓰는 순간 그것들은 나누어지고 쪼개진다. 기쁨을 나누면 배가 되고 슬픔을 나누면 반이 된다는 말이 있다. 그런데 글쓰기야말로 이 말이 가장 잘 적용된다. 기쁜 일이 있다면 그것에 대해 글을 쓰라. 그러면 기쁨이 실제로 배가 될 것이다. 슬픈 일이 있다면 그것에 대해 글을 쓰라. 그러면 슬픔이 반 이상으로 줄어들 것이다.

나의 이러한 주장은 과연 신뢰할 만한 것인가? 사실이 의심스러운 독자도 있을 것이다. 그럴 만하다. 지금과 같은 의심의 시대에서는 확실한 근거가 있어야 설득력이 생긴다. 하지만 나의 의견은 실제적인 증거에 뿌리를 두고 있다.

《부동의 심리학》이란 책을 보면, 글쓰기가 초킹choking 현상(자신의 행동에 대한 지나친 의식과 분석, 그리고 중압감에 의해 발생하는 마비 현상)도 막아주는 놀라운 효과가 있다고 언급하고 있다. 심지어 글쓰기를 통해 질병이 호전되고, 병원을 찾는 횟수까지 줄어든다고 덧붙인다.

걱정거리를 글로 쓰는 것이 어떻게 초킹 현상을 막는 것일까? 이들이 곧 느끼게 될 중압감을 의식적으로 숙고했고 또 그 중압감이 커질수록 성적이 좋아지는 것이 아니라 나빠진다는 것을 생각하면 다들 이와 반대되는 현상이 나타나리라 예측했을 것이다. 그러나 불안과 근심을 글로 적는 일의 장점을 발견한 사람은 우리뿐만이 아니다.

지난 몇십 년 동안 심리학자 제임스 펜베이커는 가까운 가족의 죽음이나 힘든 이별, 대학에 들어가 처음으로 집을 떠나 사는 것 등 살면서 개인적으로 충격을 받은 사건들을 글로 쓰는 것이 얼마나 효과적인지 찬양했다. 펜베이커가 글쓰기의 장점을 이렇게 격찬하는 이유는 그와 동료들이 각종 실험을 통해, 자기 인생의 스트레스 요인들을 몇 주 동안 적다 보면 질병과 관련된 증상이 줄고 병원을 찾는 횟수까지 감소한다는 사실을 반복해서 발견했기 때문이다.

_ 사이언 베일락, 《부동의 심리학》, 230~231쪽

글쓰기를 통해 우리는 건강하고 행복한 인생을 살아나갈 수 있다. 글쓰기는 나눔이기 때문이다. 기쁨도 나누고 슬픔도 나눈다.

글은 생각의 부산물도, 결과물도 아니다

글쓰기에 대해 정말로 하고 싶은 말이 있다. 그것은 글쓰기가 당신이 생각한 것을 종이 위에 쏟아내는 과정이 아니라는 사실이다. 글쓰기는 당신이 이 세상과 당신의 의식 속에서부터 들려오는 소리를 듣고 그것을

글로 옮겨 적는 것이다. 그런 점에서 글쓰기는 생각의 부산물이나 결과물이 아니다. 글쓰기는 세상과의 소통이며, 그 결과물이다.

더 쉽게 말해 글쓰기는 사색의 결과물이 아니라 경청의 결과물이다. 그래서 자만하거나 교만한 사람들은 글을 쓸 수 없다. 하지만 자신을 낮추고 입을 닫고 조용히 타인과 세상의 말에 귀를 기울이는 사람들은 글을 쓸 수 있다.

많은 사람이 착각하는 것이 하나 있다. 좋은 생각을 해서 그것을 글로 쓴다고 믿는다. 그러나 그것은 틀렸다. 우리는 경청을 통해 세상을 배우고, 자신이 누구인지 배우고, 인간을 배워야 한다. 그리고 그 배움의 결과물이 책이 되어야 한다.

그런 점에서 위대한 작가는 생각의 고수가 아니라 경청의 고수여야 한다. 경청한 다음 그 경청한 것을 책으로 표현하기 위해서 생각의 고수가 되어야 할 필요는 있지만, 생각의 고수 이전에 경청의 고수가 먼저여야 한다.

프리 라이팅 기법의 선구자이기도 한 줄리아 카메론은 글쓰기가 받아쓰는 예술이라고 말했다. 나도 이 대목이 너무나 마음에 든다.

어찌 보면 글쓰기는 이야기를 불러주는 것이 아닌 받아쓰는 예술이다. 들리는 이야기에 귀를 기울여 단순히 받아 적을 때, 생각의 흐름은 내가 만드는 것이 아니라 듣고 글로 옮겨 적어야 할 것이 된다. 글을 쓰기가 힘든 것은 백지를 앞에 두고, 듣기보다는 말하려고 애쓰기

때문이다.　　　　_ 줄리아 카메론, 《나를 치유하는 글쓰기》, 29~30쪽

글쓰기가 힘든 사람들은 하나같이 자신이 무엇인가를 만들어내려고 노력한다. 자신이 무엇인가를 말하려고 하기 때문이다. 하지만 그럴 필요가 없다. 읽기가 누군가가 이미 써놓은 책을 통해 세상의 소리를 듣는 것이라면 쓰기는 아무도 써놓지 않은 책, 즉 자신이 써야 할 책을 통해 세상의 소리를 듣는 것이라고 할 수 있다.

읽기는 누군가가 써놓은 책을 통해 사고력을 향상시키는 것이라면, 쓰기는 자신이 무엇인가를 쓰면서 사고력을 향상시키는 것이다. 그런 점에서 글쓰기는 생각의 부산물이 아니다. 그것은 생각을 이끌어주는 것이고, 글의 부산물이 바로 생각이라고 할 수 있다.

글은 생각의 부산물도 결과물도 아니다. 오히려 생각이 글의 부산물이며 결과물이다.

이것이 나의 주장이다.

그러므로 글을 쓴다는 것에 대한 인식을 완전하게 바꿀 필요가 있다. 내가 강의 때 자주 하는 이야기가 있다. 에베레스트 등정에 관한 것인데, 이 이야기는 인식의 전환이 얼마나 중요하며 또한 그것이 성공과 실패에 얼마나 큰 영향을 주는지를 잘 보여준다.

에베레스트 등정에 도전하는 모든 사람이 1000미터 고지에 베이스

캠프를 설치했을 때는 1년에 고작해야 서너 명만이 등정의 성공을 맛볼 수 있었다. 하지만 인식을 바꾼 사람들이 나타났다. 그들은 "왜 꼭 1000미터 높이에 베이스캠프를 설치해야 하는가?" 하고 문제를 제기했다. 그리고 누군가가 4000미터 높이에 제2의 베이스캠프를 설치했다. 그 순간 도전의 시작점이 완전히 달라지게 되었다. 당연히 성공 확률이 껑충 뛰어올랐다.

글쓰기에 대한 인식도 바뀌어야 한다. 생각의 부산물이 글이 아니다. 글의 부산물이 생각이다. 그리고 깨어 있는 눈으로 세상을 바라보고, 귀로 세상을 경청할 때 비로소 자신을 넘어설 수 있으며 글을 쓰고 작가가 될 수 있다.

그런 점에서 작가는 현명한 판관이 되려 하기보다는 오히려 경청하고 관찰하는 사람이 되어야 한다. 작가 역시 편견과 망상에 휩싸일 수 있는 불완전한 존재다. 세상과 자신을 관찰하고 경청하는 것을 통해 이런 편견과 망상을 떨쳐낼 수 있다. 그때 비로소 좋은 책이 탄생하게 된다.

우리가 한비야 씨를 알게 된 것은 책을 통해서다. (…) 진정한 봉사가 그를 만들었다면, 글쓰기는 그를 우리에게 알린 것이다. 글쓰기가 필요한 더 큰 이유는 따로 있다. 자신을 가장 설득력 있게 표현하고 알리는 데 글만 한 것이 없기 때문이다. 그러니 비단 소설가들에게만 좋은 글쓰기가 필요한 것이 아니다. 바로 그대에게 가장 필요한 능력이다.
_ 김난도,《아프니까 청춘이다》

앞으로 개인의 브랜드가 점점 중요해지게 되면 자신의 이름으로 자신의 경험을 포장하여 책을 내는 것처럼 효과 있는 일도 드물 것이다.
_ 공병호,《핵심만 골라 읽는 실용독서의 기술》

제4장

책 쓰기가
내 인생을
송두리째 바꿔버렸다

바보들은
항상 읽기에서 머문다

읽기가 항구라면 쓰기는 바다와 같다. 배는 항구에 있을 때 가장 안전하다. 그래서 사람들은 항상 읽기만 하고 자기 자신을 쓰기라는 위험한 바다 한가운데로 보내려고 하지 않는다. 그래서 쓰지 않는 것이다.

두렵기 때문이다. 하지만 최고의 자기계발은 읽기가 아니라 바로 쓰기다. 그렇다고 해서 읽기가 필요 없다는 뜻은 결코 아니다. 읽기와 쓰기가 3대 1 정도 비중을 이루는 것이 좋다. 바꾸어 말하자면 읽기를 많이 했다면 읽기에 투입한 노력과 시간의 3분의 1 정도는 쓰기에 투입해야 한다. 그래야 인생이 바뀐다는 사실을 명심하라.

무작정 기다린다고 해서 기회가 으는 것이 아니다. 운이 좋아서 일생에 한두 번 정도 기회가 온다고 해도 준비되어 있지 않다면 무용지물이다. 그 기회는 차라리 오지 않은 것이 더 좋았을 정도로 큰 좌절과 아품을 남겨놓고 떠날 것이다.

　읽기조차 하지 않는 것은 준비조차 하지 않겠다는 것이다. 그래서 당신은 읽어야 한다. 하지만 읽었다면 쓰기를 해야 한다. 왜냐하면 읽기만 한다는 것은 무작정 기다리면서 준비만 한다는 것을 의미하기 때문이다. 문도 두드려야 열린다. 이것은 가장 상식적이면서 변하지 않는 진리다. 문 앞에서 백날 기다려보라, 문이 열리는가.

　쓰기를 한다는 것은 성공의 문을 두드린다는 것을 의미한다. 쓰기를 한다는 것은 도전한다는 것을 의미한다. 준비만 하는 인생이 되지 마라. 작더라도 날마다 도전하고 날마다 성공하는 길은 날마다 쓰기를 하는 것이다.

　읽기를 한다는 것은 성공의 75퍼센트를 준비하고 있다는 것을 의미한다. 하지만 쓰기를 해야 비로소 나머지 25퍼센트가 채워진다. 그래서 읽기와 쓰기는 하나의 세트다. 성공으로 향하는 인생 혁명 프로젝트의 완성이다.

　명심하라. 읽기에서 멈춰 서는 바보가 되지 마라. 바보들은 항상 읽기만 한다. 스스로 책을 쓰려고 하지 않는다. 바보들은 이미 누군가가 써 놓은 책들만을 신봉한다. 그것에 길이 있고 꿈이 있고 인생이 있다고 생각한다. 하지만 그것은 당신의 길이 아니고 당신의 꿈이 아니며 당신의 인생은 더더욱 아니다. 그 책을 쓴 사람의 길이고 꿈이고 인생이다. 그러므로 이제 당신도 책을 쓰라. 당신만의 꿈과 길과 인생을 글로 남겨라. 그것이 성공의 문을 두드리는 확실한 방법이다.

이 시대 최고의 공부,
책 쓰기

바보들은 항상 읽기에서 멈춘다. 하지만 최고의 자기계발은 쓰기다. 서양의 자기계발은 그 역사가 100년 정도밖에 되지 않았다. 하지만 동양의 자기계발은 3000년에서 5000년이나 된다. 그래서 서양의 자기계발과 동양의 자기계발은 그 질과 격이 다르다. 어떻게 비교가 될 수 있겠는가?

서양의 자기계발은 자본주의 사회에서 비롯된 것이며 그렇기에 뿌리가 얕다. 그래서 부자가 되고 성공하고 출세하는 데 초점을 둔다. 그리고 그것을 위해 꿈을 가지고 목표를 가지고 시간을 관리하여 그 꿈을 달성하라고 말한다.

하지만 동양의 자기계발은 훨씬 더 깊고 넓다. 그래서 자기 자신을 버리라고 말한다. 타인을 더 중요하게 여기고, 이익보다는(성공보다는) 의를 먼저 생각하라고 말한다. 세상의 것에 너무 집착하지 말라고 권한다. 물 흐르듯 살아야 하며, 부귀영화는 뜬구름과 같은 것임을 일깨운다.

이처럼 자기계발에 대한 서양과 동양의 가르침은 깊은 차이를 드러내고 있다. 내가 최고의 자기계발이 쓰기라고 말하는 이유 역시 이 차이에 근거를 두고 있다. 쓰기는 서양의 자기계발을 포함하는 동시에 그것에 치우치지 않는다. 자신의 마음을 다스리도록 돕고, 자기만 생각하지 않고 이웃과 세상을 생각하게 하며, 세상의 것에 너무 집착하지 않게 해준다. 그런 점에서 최고의 자기계발은 자신과 세상을 동시에 성찰할 수 있는 쓰기라고 말하는 것이다.

그래서 쓰기 수련을 하는 사람들은 크게 어긋나지 않는다. 큰 욕심을 부려서 한방에 훅하고 나가떨어지지 않는다. 물론 사람이기에 크고 작은 실수나 실언을 할 수 있다. 하지만 쓰기 수련을 한 사람이 실수를 저질렀다면 이는 엄청나게 큰 실수를 할 사람이 쓰기 수련을 통해 작은 실수만 하게 된 것이라 볼 수 있다.

사람을 평가하는 것은 정말 조심해야 할 일이다. 그래서 나는 사람을 평가하지 않으려고 노력한다. 하지만 내가 평가 기준으로 삼는 것이 하나 있다. 그 사람이 아무리 똑똑하고 훌륭한 사람이더라도 어제보다 오늘이 더 나아지지 않는 사람, 즉 정체된 사람에 대해서는 높게 평가하지 않는다는 것이다.

즉 사람에 대한 나의 평가 기준은 그 사람의 어제와 오늘, 그리고 오늘과 내일의 성장 여부다. 그렇게 매일 변화하고 성장하기 위해서 꼭 필요한 것이 있다. 특히 이것은 학교를 졸업하고 사회생활을 하거나, 퇴직해서 살아가고 있을 때 변화를 이끌어내는 데 필수적이다. 그것은 바로 쓰기다.

읽기가 최고의 자기계발인 시대가 있었다. 바로 30년 전이었다. 하지만 이제는 읽기만으로 부족한 시대가 되어버렸다. 시대는 항상 바뀐다. 그 시대가 요구하는 인재상도 당연히 바뀐다. 지금은 감성과 창조의 시대고 융합의 시대다. 그런데 읽기는 융합보다는 수용에 가깝고 이해의 과정이며 지식과 정보에 편중되어 있다. 읽기를 통해 많은 재료가 모이고 의식이 크게 확장되었다면 한 단계 더 도약할 필요가 있다. 그것들을 토대로 하여 새로운 콘텐츠를 만들고 타인의 감성을 자극할 수 있는 새로운 것들을 융합해내야 한다. 그 유일한 도구는 그것들을 엮고 붙이고 연결하는 과정을 통해 당신만의 것을 만들어내는 글쓰기다.

이처럼 쓰기는 이 시대가 가장 필요로 하는 인재가 되는 방법이다. 이런 세상에서 쓰기를 하지 않는다는 것은 이 시대에 필요한 사람이 되지 않겠다는 것과 같은 말이다.

쓰기는 새로운 인생,
진짜 인생을 살게 해준다

나는 40년 동안, 즉 쓰면서 사는 인생을 살기 전에는 가짜 인생을 살아왔다. 노예와 같은 인생과 가짜 인생은 미묘하게 다르다. 노예와 같은 인생은 진짜일 수도 있고 가짜일 수도 있지만, 가짜 인생은 진정으로 가짜다.

그렇다고 내가 40년 동안 타인을 흉내만 내면서 로봇처럼 꼭두각시처럼 그렇게 살아왔다는 말은 아니다. 그럼에도 그 인생이 가짜와 같이 느껴지는 것은 쓰기가 갖는 강력한 현실성 때문이다. 단순히 경험하고 기억하며 살아가는 인생과 정제된 글로 다시 성찰하고 검증한 인생은 전혀 다르다. 작가들이 글쓰기를 통해 인생을 한 번이 아니라 여러 번 산다고 말하는 것도 이와 같은 맥락에서 이해할 수 있다.

글쓰기는 막연하게 살아가는 인생, 보고 듣고 겪고 느끼는 인생을 문자로 기록하게 하고, 어느 기간 동안 불멸하는 인생으로 바꾸어놓는다. 그리고 그전에 먼저 작가들은 글쓰기를 통해 자신의 마음속에서 새로운 인생, 진짜 인생으로 전환된다.

어제까지의 모든 삶은 이 세상에 더 이상 존재하지 않는다. 하지만 당신이 글로 쓰는 순간 더 이상 존재하지 않는 어제까지의 삶이 다시 존재하게 된다. 책 속에 존재하며, 당신의 글 속에 존재하게 된다.

글을 쓰면서 당신은 어제까지와 다른 새로운 인생을 꿈꿀 수 있게 되고 새로운 인생길을 발견하게 되고 심지어 만들 수 있게 된다. 그런 점에서 인생을 더욱더 새롭게 만들어주고 진짜로 만들어주는 것은 글쓰기다.

당신이 전업 작가가 아니더라도, 당신이 연예인이든 청소부든 가정주부든 농부든 어부든 교사든 학원 강사든, 혹은 백수라 하더라도 글쓰기는 반드시 필요하다. 글쓰기를 통해 당신은 인생을 재발견할 수 있다. 새로운 인생을 만들 수 있다. 진짜 인생을 살 수 있게 된다.

큰 새가 비상하려면
큰 바람이 있어야 한다

흔히 읽는 행위는 능동적이고 주체적이라고 말한다. 맞는 말이다. 하지만 쓰는 행위는 그것보다 훨씬 더, 아마 열 배 정도 더 능동적이고 주체적인 행위라고 말하고 싶다. 그러므로 쓰기가 읽기보다 훨씬 더 강력한 위력을 가지고 있다.

큰 새가 비상하기 위해서는 큰 바람이 있어야 한다. 큰 배를 띄우기 위해서는 많은 물이 필요하다. 결코 작지 않은 한 인간의 삶이 비상하기 위해서도 많은 것들이 필요하다. 그런 점에서 읽기만으로는 인생을 비상시킬 수 없다. 이것이 나의 결론이다. 읽기를 했다면 이제 쓰기를 해야 한다.

일본도 한국도 50년 전에는 독서인이 많지 않았다. 하지만 지금은 다르다. 일본인은 한 해에 평균 72권의 책을 읽는다. 한국인은 부끄럽게도 9.9권의 책을 1년 동안 읽는다. 미국인들은 1년에 평균 77권의 책을 읽는다.

후진국을 제외한다면, 한국인이 세계에서 가장 책을 못 읽는 민족이고 안 읽는 민족이다. 한국인을 기준으로 삼지 않는다면, 이제 독서는 누구나 하는 것이 되었다. 과거에는 누구나 독서를 할 수 없었다. 그래서 그 시대에는 독서만으로도 충분히 인생을 비상시킬 수 있었다. 하지만 지금은 독서만으로는 부족하다. 턱도 없다.

지금은 쓰기를 해야 하는 시대가 되었다. 그래서 읽기만으로는 비상하는 인생을 만날 수 없게 되었다. 당신이 읽기와 함께 쓰기를 반드시 해야 하는 이유가 바로 이것이다. 당신은 읽기만으로는 부족한 시대를 살고 있다.

쓰기의 임계점, 그 혁명 같은 짜릿함을 경험하라

왜 많은 사람이 독서를 해도 인생이 바뀌지 않을까? 2년 전 나는 이러한 질문에 대해 '독서의 임계점'이 있기 때문이라고 답했다. 즉 물이 끓기 위해서는 반드시 임계점인 100도까지 온도를 높여야만 하듯 독서로 인생이 바뀌고 자신이 달라지기 위해서는 반드시 독서의 임계점을 돌파해야 한다고 말했다. 그런데 지금 이러한 임계점이 독서에만 있는 것이 아님을 알게 되었다. 쓰기에도 그러한 임계점은 그대로 존재하고 있었다.

너무나 많은 사람이 글을 쓰는 것은 힘들고 어렵고 자신과 무관한 일이라 생각한다. 하지만 이것은 너무 성급한 판단이다. 최소한 어느 정도 글을 써본 후에 글쓰기에 대해 어떤 판단을 내려도 된다.

달리기를 좋아하는 사람들은 달리기의 임계점을 돌파한 사람들이다. 달리기를 싫어하는 사람도 있고 좋아하는 사람도 있다. 그런데 그 차이를 가르는 것은 바로 달리기의 임계점을 돌파해본 적이 있느냐 없느냐다.

다시 말해, 달리기를 하면 처음 10분 정도는 누구나 쉽게 할 수 있다. 하지만 30분 정도가 지나면 고통이 극대화되는 순간이 반드시 찾아온다. 숨이 가빠서 죽을 것 같은 심한 고통을 서서히 느끼게 된다.

대부분의 사람은 이 경우 달리기를 멈춘다. 충분하다고 느낀다. 하지만 달리기를 좋아하는 사람들은 이런 고통의 순간이 올 때 열광하고 흥분하기 시작한다. 왜냐면 고통 후에 말할 수 없는 쾌감을 경험할 수 있기 때문이다. 전문용어로 이것을 '러너스 하이' 혹은 '러닝하이running high'라고 한다. 이 용어는 캘리포니아 대학교 심리학자인 아놀드 J. 맨델이 자신의 논문에서 처음으로 소개했다.

러너는 멈추거나 포기하지 않고 달리면서 가장 고통스러운 순간을 이겨낸 후 최고의 기쁨과 희열을 느끼게 되는 지점에 도달한다. 고통의 순간을 넘기면 어느 순간 자신의 몸이 가벼워지면서 하늘을 나는 것과 같은 황홀한 순간을 경험하게 된다. 이런 순간을 한 번이라도 경험한다면 그 사람은 비가 오는 날에도 우산을 받쳐 들고 달리기를 하는 달리기광이 될 수밖에 없다.

달리기의 임계점을 돌파한 사람들은 고통스럽고 힘든 순간을 뛰어넘어 기분이 좋아지고 심지어 몸의 피로가 사라지고 없던 힘까지 새롭게 나오고 주변이 아름다워지고 시야가 밝아지는 기가 막힌 순간을 경험하게 된다. 몸은 새털처럼 가벼워지고 심지어 세상에서 분리된 듯한 느낌까지 든다.

하지만 달리기를 평소에 안 하던 사람들이 이러한 기분을 느끼기 위해서 30분 이상 달리는 일은 위험천만하다. 달리기를 전혀 안 한 사람들이 러너스 하이를 경험하기 위해서는 어느 정도의 준비 기간이 있어야 한다. 적응 기간이 필요하다. 하지만 적응 기간을 보낸 후 러너스 하이를 경험하게 되면, 그때부터 달리기에 빠져들게 되고 진정한 달리기 마니아가 된다.

바로 이러한 러너스 하이가 글쓰기 작업에도 있다는 사실을 아는가? 물론 글쓰기를 시작했다고 해서 바로 이런 경험을 할 수 있는 것은 아니다. 달리기처럼 처음에는 힘들고 어려운 순간을 이겨내야 한다. 하지만 어느 정도 훈련하고 적응한 후에 글쓰기를 익숙하게 할 수 있게 되면 이야기가 달라진다. 즉 글쓰기를 하면서 하늘을 나는 듯한 기분을 느끼게 된다는 말이다.

글쓰기의 임계점을 돌파하면 피로감이 사라지고 타이핑 소리가 마치 음악 소리처럼 들리고 세상과 완전하게 분리되어 하늘 위를 걸어 다니는 것처럼 느끼게 된다. 글의 재료가 내면에서 끊임없이 솟구쳐 오르고 자신이 마치 천재가 된 것 같은 착각에 빠지기도 한다. 하지만 이 순간만은 당신이 천재보다 더 천재다운 사람임을 부정할 필요는 없을 것 같다.

이러한 쓰기의 임계점을 나는 '라이터스 하이writer's high'라고 명명하고 싶다. 라이터스 하이 상태가 되면 놀랍게도 아드레날린과 엔돌핀이 분비된다. 이러한 물질들은 신이 인간에게 고통을 견디게 하기 위해서 내린 물질이다. 고통과 맞서는 인간에게 뇌가 선사하는 선물이기도 하다. 마약과 같은 물질이 분비되면서 고통보다는 행복감과 희열을 느끼게 되는 것이다.

"달리기에 러너스 하이가 있다면, 글쓰기에는 라이터스 하이가 있다." 글쓰기의 임계점을 돌파한다면, 당신의 인생이 바뀌는 것은 시간문제다.

쓰기는 전혀 다른 인생으로 가는 지름길이다

좋은 글을 쓰는 데 반드시 위험이 따르는 것은 아니지만 글을 쓰기 위해서는 위험을 감수해야 한다. 이것이 쓰기가 가진 힘의 비밀이다. 글을 쓰는 것은 당신으로 하여금 전혀 다른 삶을 살아갈 수 있게 해준다. 글쓰기는 이런 보상과 함께 당신에게 용기를 요구한다. 그래서 어떤 대가를 치러야 할지도 모른다.

글을 쓴다는 것은 어쩌면 전혀 다른 삶을 살아가야 함을 의미하는 것인지도 모른다. 국내에서 크게 인기를 끈 책은 아니지만,《맛있는 글쓰기의 길잡이》라는 책을 보면, 글을 쓰겠다고 하는 것은 전혀 다른 삶을 살겠다고 선언하는 것과 다를 바 없다는 점을 정말 멋지게 표현한 문장을 가장 먼저 만나게 된다.

글쓰기를 통해 우리는 혼돈에서 질서를 찾고, 자신의 신념과 가설의 진위를 시험하며, 눈과 마음을 열고 세상을 똑바로 바라본다. 글쓰기를 통해 우리는 익명성 속에 자신의 정체성을 선포한다. 또한 우리의 이성이 '그런 것들은 존재하지 않아'라고 설득해도, 글쓰기를 통해 비로소 살아가는 목적과 아름다움과 의미를 찾아내기도 한다.

따라서 글쓰기는 용기 있는 행위라고도 볼 수 있다. 글을 쓰면서 자기 자신을 직시하는 것보다 애써 자신을 외면하고 평생을 살아가는 편이 얼마나 더 쉽겠는가? 물질주의나 냉소주의 따위에 굴복해 인생과 두려움으로부터 도망치는 편이 얼마나 더 쉽겠는가? 글을 쓴다는 것은 그런 '쉬운 길'의 유혹에 저항하는 것이다. 진실을 찾아 세상에 공표하기를 주장하는 것이며, 그 진실들을 종이에 옮기겠다고 감히 선언하는 것이다.

_ 잭 헤프론, 《맛있는 글쓰기의 길잡이》, 8쪽

글을 쓴다는 것은 지금까지 살아왔던 쉬운 길을 포기하고, 유혹에 저항하겠다고 선전포고를 하는 것과 다름없다. 글을 쓴다는 것은 도전하고 모험하는 행위이다. 글을 쓰는 것은 지금까지 살아오면서 생각하지 못한 것들, 구석구석 탐험하지 못한 것들에 대해 생각하고 탐험하는 일이다. 그리고 필요할 때는 현실이라는 장애물에 굴복하지 않겠다고 선언하는 것과 다를 바 없는 행위다.

일상에 매여 살아가는 사람들은 바로 이런 이유 때문에 글쓰기를 힘들어한다. 그리고 경우에 따라서는 불가능한 일이 된다.

삶에 대한 다른 시각과 다른 방식을 토대로 다르게 살아가는 것은 글을 쓰는 사람들이 갖추어야 할 최고의 요건들이다. 그런 점에서 글을 쓴다는 것은 남과 다르게 살고, 남과 다른 것을 보고, 남과 다른 생각을 한다는 것을 의미할지도 모른다.

글쓰기를 시작했다는 것은 당신이 어제와 다른 삶을 살기 시작했다는 것을 의미한다. 그러므로 멈추지도 말고, 서두르지도 말고, 계속해서 글쓰기를 하며 살아가라. 나는 글을 쓰지 않고 40년이라는 세월을 살아왔다. 그리고 글을 쓰면서 사는 인생을 시작하면서 40권이 넘는 책을 출간했다.

글쓰기 전과 후의 인생을 비교해보면, 뭔가 달라도 엄청나게 다른 인생이라는 것을 알 수 있다. 그것은 혁명과도 같다. 어제와 다른 인생을 살기 위해 많은 돈을 벌어야만 하는 것은 아니다. 글을 쓰기만 해도 어제와 다른 인생으로 가는 길을 발견할 수 있다.

어제와 다른 삶을 살고 싶다면
지금 당장 쓰기 수련을 시작하라

정말로 너무나 많은 사람이 어제와 별반 다르지 않은 오늘을 살아가고 있다. 그래서 대부분의 사람이 조용한 절망의 삶을 살아가고 있다고 말해도 과언이 아닐 정도다. 아무리 아등바등 살아도, 아무리 열심히 살아도, 어제와 별반 다르지 않는 그런 지겨운 일상이 반복된다면 당신은 무엇으로 삶의 희열과 즐거움과 기쁨을 찾을 수 있겠는가?

당신이 지금 맞닥뜨리고 있는 현실이 최악의 상황이라 할지라도 글쓰기는 당신에게 큰 힘이 될 것이다. 이와 달리 당신이 맞닥뜨린 현실이 그렇게 비참하거나 참혹하지 않다고 해도 어제와 다른 삶을 살고 싶다면 지금 당장 글쓰기를 시작하라.

위대한 작가였던 펄 벅은 이런 말을 했다.

일을 즐길 수 있는 비결은 잘하는 것이다. 또한 일을 잘하고 싶으면 즐겨라.

정말 멋진 말이다. 이 말을 마음에 새기자. 그러면 이런 말도 가능할 것이다. 어제와 다른 삶을 살 수 있는 비결은 글을 쓰는 것이다. 또한 글을 쓰는 비결은 어제와 다른 삶을 사는 것이다.

글을 쓴다는 것은 인생을 최고의 것으로 바꾸는 행동을 한다는 것을 의미한다. 인간이 할 수 있는 행위 중 최고의 행위가 바로 글을 쓰는 것이기 때문이다. 다시 말해 글을 쓴다는 것은 최고만을 고집한다는 것과 다를 바 없다.

그런데 그렇게 최고만을 고집할 때 인생은 최고가 되고 당신은 최고의 것들만을 얻게 되고 만나게 되고 누리게 된다. 마치 서머싯 몸의 이 말처럼 말이다.

인생에서 재미있는 사실 한 가지는 최고만 고집하다 보면 대개 최고를 얻게 된다는 것이다.

글을 쓰는 사람과 글을 쓰지 않고 살아가는 사람의 차이는 어느 정도일까? 고전에 '유지무지교삼십리有智無智校三十里'라는 말이 있다. 옛날에 조조와 양수가 길을 걷다가 누군가의 비문에 새겨진 여덟 자의 글을 보았는데, 양수는 그 자리에서 해석했지만, 조조는 30리를 걸어간 후에야 비로소 뜻을 깨쳤다는 말이다.

즉 지혜가 있는 사람과 없는 사람의 차이가 30리만큼이나 된다는 말이다. 그런데 내가 이 말을 떠올린 이유가 있다. 글을 쓰는 사람과 글을 쓰지 않고 살아가는 사람의 차이를 거리로 따지면 3만 리 정도 될 것 같다는 생각이 들었기 때문이다.

3만 리는 쉽게 극복할 수 없는 거리다. 그것이 실제 거리가 아니라 인생의 거리라면 더더욱 그렇다. 당신이 글을 쓰지 않는다면, 남들보다 3만 리 정도 뒤에서 살아가고 있다고 생각해야 한다.

자. 이래도 글을 쓰지 않고 버틸 것인가? 선택은 자유다. 하지만 뒷감당은 어떻게 하려고 하는가? 스스로 물어보라. 진지하게 말이다.

쓰기의 최대 난관,
완벽주의의 함정에서 벗어나라

정말로 읽고 싶은 책이 있는데 아직 아무도 쓰지 않았다면, 그것은 직접 쓰라는 신의 뜻이다.

노벨상과 퓰리처상을 모두 받은 보기 드문 작가 토니 모리슨이 한 말이다. 정말 멋진 말이다. 당신이 글을 쓰는 작가가 되어야 할 이유가 바로 이것이다. 당신이 가장 읽고 싶은 책은 사실상 아직 아무도 쓰지 않았기 때문이다. 또한 그것은 당신만이 쓸 수 있고 당신이 가장 잘 쓸 수 있기 때문이다. 그런데도 너무 많은 사람이 글쓰기를 시작하지 못하는 것은 왜일까?

가장 큰 이유는 너무 완벽한 때를 기다리기 때문이다. 완벽한 때를 기다리고 완벽한 현실을 기다린다. 그리고 완벽하게 자기 자신이 준비될 때까지 기다리고 또 기다린다. 자기 자신이 완벽하게 준비가 될 때는 영원히 오지 않는다는 사실도 깨닫지 못한 채, 작가가 되기 위해 그 어떤 노력도 하지 않으면서 하루하루 흘려보내는 것이다.

작가라고 해서 꼭 전업 작가여야 하는 것은 아니다. 글을 쓰면서 사는 사람이면 모두 작가인 것이다. 작가의 범주를 제한할 필요는 없다. 물론 과거에는 그랬다. 하지만 지금은 아니다. 한 가지 사실만은 분명하게 기억하자. 아무리 위대한 작가일지라도 처음부터 글을 잘 쓰지는 못했다. 그리고 아무리 위대한 작가라 하더라도, 그가 평생 글을 써왔다 하더라도 글을 쓰는 것은 여전히 힘들고 어설프고 위험한 모험이다. 평생 책을 쓴 위대한 작가라고 해도 여전히 그의 글은 미완성이고 부족한 점이 한둘이 아님을 직시할 필요가 있다.

그렇다면 그들의 비결은 무엇일까? 그들은 수백 번 이상 고치고 또 고쳤다. 그것이 비결이다. 그러므로 이제 겨우 시작하려고 하는 당신은 그 어떤 것도 두려워할 필요가 없다. 아무리 형편없는 글을 쓴다 해도 괜찮다. 그저 당신이 기분 좋으라고 하는 말이 아니다. 당신에게 헛된 용기를 주려고 하는 말도 아니다. 이것이 명백한 사실이기 때문에 하는 말이다.

평생 글을 써온 위대한 작가들이라고 해서 한 번에 완벽하게 멋진 글이 쉽게 나오지는 않는다. 그들의 초고를 보면 당신보다 더 못할 수도 있다. 정말이다. 그래서 위대한 작가들은 항상 이렇게 말한다.

"초고는 모두 쓰레기다."

그러므로 당신은 너무 잘 쓰려고 욕심내지 마라. 완벽하게 쓰려고 하는 것은 무리한 시도다. 그러므로 당신이 해야 할 일은 그저 쓰는 것이다. 그것을 즐기는 것이다. 즐기면 쉽게 써지고 잘 써진다.

"글을 쓰는 당신이 명심해야 할 것이 있다. 글쓰기를 즐기면 잘 써진다는 것과 자신을 버리면 쉽게 써진다는 것이다."

당신이 완벽주의의 함정에 빠지면 빠질수록 글을 쓰는 것이 힘들고 어려워지게 될 것이다.

인생을 나는 법을
책 쓰기로 알게 되다

책을 쓰는 사람이 되면, 인생을 나는 법을 알게 된다. 하늘을 날아봤는가? 한 번도 못 날아봤다면 말도 꺼내지 마시라. 하늘을 날아보면 하늘을 비롯한 모든 것들이 보인다. 높게 날면 날수록 그 밑으로 더 많은 것들이 보인다. 그리고 날면 날수록 그 높이까지 걸쳐 있는 공기와 바람이 자신의 비행을 위해 존재한다는 것을 알게 된다. 진공상태에서, 무중력상태에서는 날 수 없다. 우주에서 나는 것은 불가능하다. 그런 점에서 날기 위해서는 반드시 공기가 있어야 하고, 중력이 존재해야 한다.

인생을 난다는 것도 이와 비슷하다. 더 나은 무엇인가가 되려면 삶의 모든 힘든 경험, 고통스러운 경험, 기쁘고 즐거운 경험, 이상한 경험, 황당한 경험들을 따지지 않고 고스란히 다 활용해야 한다. 혹시 삶을 살아온 경험이 단 한 번도 없는 사람이 있다면, 안타깝지만 그는 절대로 작가가 될 수 없다. 공기가 없으면 날 수 없는 것처럼 말이다.

나는 인생을 나는 법을 책을 쓰면서 알게 되었다. 인생의 모든 순간순간이 책의 재료가 되고 책의 정신이 된다는 사실을 말이다. 작가에게는 자기 삶의 모든 행복과 불행이 책과 연결되어 있다. 이해를 돕기 위해 아주 극단적인 예를 들어보려고 한다. 이혼에 대해 생각해보자. 글을 쓰는 작가와 그렇지 않은 사람은 이것에 대해 생각하는 방식이 전혀 다르다. 작가의 경우, 이혼을 (당)할 때 가장 먼저 드는 생각은 '이제 이

혼에 관한 책을 쓸 수 있겠구나'다. 이처럼 작가는 삶의 극단적인 경험 마저도 깨달음으로 승화시켜 그것을 글로 표현해내고자 애쓴다. 그래서 이들은 모두 인생을 낳고 있는 것이다.

글을 쓰지 않고 살아가는 사람들은 똑같은 이혼이라도, 그것에 대해 깊게 넓게 인식하고 깨닫고 경험하지 못한다. 그런 이들은 아침이 되면 눈을 뜨고 시간이 되면 출근하는 사람들이다. 그저 살아가는 것이다.

그저 살아가는 사람들은 시간을 흘려보낸다. 하지만 그저 살아가지 않고 글을 쓰는 사람들은 시간을 종이 위에 붙잡아 둔다. 그리고 종이 위에 쓰인 시간은 그 위에서 다시 재현된다. 영화가 수없이 반복 상영되듯, 종이 위의 시간은 독자들을 통해 수없이 반복된다.

작가가 인생을 두 번 세 번 사는 사람인 이유가 바로 여기에 있다. 작가는 글쓰기를 통해 인생의 모든 것을 나는 데 활용하는 사람들인 것이다.

책 쓰기, 퍼스널 브랜딩을 구축하는 최고의 방법

10년 전 혹은 20년 전에 취득한 허울뿐인 외국 유명 대학 박사 학위보다 당신의 현재를 말해줄 수 있는 한 권의 책이 훨씬 더 영향력이 크다. 그러므로 당신의 이름으로 출간된 한 권의 책은 당신에게 최고의 명함이 된다.

명함은 누구나 쉽게 만들 수 있고 또한 누구나 가지고 다닌다. 그래서 나는 제발 명함을 가지고 다니지 말라고 말하고 싶다. 그렇게 누구나 가지고 다니기 때문에 평범한 명함으로는 더 이상 자신을 차별화할 수 없게 되었다. 이제는 아무나 쉽게 만들 수 없는, 당신을 가장 잘 말해줄 수 있는 한 권의 책을 출간하는 것으로 최고의 명함을 대체해야 한다. "당신의 책을 가져라" 하고 외치는 송숙희 대표는 책 쓰기야말로 가장 값싸고, 가장 빠르고, 가장 확실한 자기 마케팅 수단이라고 말한다.

> 사람들은 책을 쓴다. 바쁘다고 아우성치면서도 돌아앉아 책을 쓴다. 왜 그렇게들 책을 쓰는 것일까? 블로그처럼 재미삼아 쓰는 것도 아니고, 술자리와 밤잠을 줄여가며 왜 그렇게들 쓰는 것일까? 쓰는 사람마다 동기는 다르겠지만 그들 누구나 손꼽는 이유 하나가 있다. 책 쓰기가 가장 값싸고 가장 빠르고 가장 효과 확실한 자기 마케팅 수단이라는 것! 당신의 수고로움만 뺀다면 비용도 전혀 들지 않는다.
>
> _ 송숙희, 《당신의 책을 가져라》, 25쪽

한마디로 책을 쓰면 가장 좋은 자기 마케팅 수단을 확보하게 된다. 광고를 하려면 돈이 많이 들지만, 책을 쓰고 출간하면 저절로 홍보가 되고 인세까지 받게 된다. 출판사와 서점에서는 진열도 해주고 팔아주기도 한다. 그러면서 당신이 홍보되는 것이다.

좋은 책을 쓰거나, 많은 책을 쓰거나, 이슈가 되면 신문과 방송에서 당신을 인터뷰하기도 할 것이다. 그러면 당신은 그때부터 명실상부한 공인이 된다.

처음부터 잘 쓰는 사람은 더욱 드물다. 무슨 일이든지 처음 시작할 때는 약간의 고통이 따른다. 게다가 두려움과 부끄러움도 함께한다. 하지만 대문호의 글, 나 같은 저술가의 글 따위와 자신의 소중한 기록을 같은 반열에 놓고 비교하지 마라. 누가 뭐라 해도 자기 자신이 썼기에, 누가 뭐라 해도 내 인생의 기록이기에 소중하고 아름다운 글이다. 그렇게 애정 어린 마음으로 꾸준히 써보라. 수백, 수천 장의 원고지를 채워보라. 모든 일이 그렇듯 글쓰기도 반복하다 보면 어느 순간 문리를 터득한다.

_ 공병호(공병호경영연구소 소장)

제5장

글쓰기를 두려워하는 이들에게

Revolution of Writing Yourself

쓰기는 머리가 아니라 엉덩이로 하는 것!

> 글쓰기는 금욕주의적인 생활을 요구한다. 하루에 네 페이지씩 글을 쓰려면 나는 하루에 꼬박 열다섯 시간을 책상 앞에 앉아 있어야 했다. 창작의 마술이나 나만의 비밀, 창작 비법 같은 건 존재하지 않는다. 그저 세상과 접촉을 단절한 채 커피를 충분히 비축해놓고 클래식 음악이나 재즈 음악이 흘러나오는 헤드폰을 귀에 꽂고, 의자에 엉덩이를 붙이고 앉아 있는 방법밖에 없다. ─ 기욤 뮈소(프랑스 소설가)

글쓰기는 머리로 하는 것이 아니다. 어떤 기교나 기술보다 더 중요한 것은 인내다. 그리고 그것이 의미하는 것은 무거운 엉덩이다. 얼마나 오랜 시간을 집필할 수 있느냐가 당신의 글쓰기 성공 여부를 판가름 짓는다. 초보자나 숙련공이나 모두 마찬가지다. 이 법칙에서 벗어날 수 있는 사람은 아무도 없다. 제아무리 대문호라고 해도, 세계적인 작가라고 해도 절대 예외는 없다.

> 초심자나 직업적 작가나 과정은 마찬가지다. 첫 단어부터 시작해서 단어들을 하나씩 계속 붙여나가는 게 바로 글쓰기다. 그런 식으로 하다 보면 초고를 완성하게 된다. 오스트레일리아의 소설가 브라이스 코트니는 성공의 비결을 '무거운 엉덩이'라고 말했다. 엉덩이를 바닥에서 떼지 말고 글을 써라. 글쓰기는 앉아서 하는 작업이다. 정말 다행이 아닌가? 앉아서 하는 더 나쁜 일도 있으니 말이다.
> _ 스티븐 테일러 골즈베리, 《글쓰기 로드맵》, 45쪽

그의 말이 전적으로 옳다. 정말 다행이다. 머리를 사용해야 하는 것이 아니라 엉덩이를 주로 사용해야 한다는 말은 위안이 된다. 염세 사상을 대표하는 독일의 철학자 아르투르 쇼펜하우어는 "아무런 생각 없이 글을 쓰는 행위는 자신의 사상에 아무런 가치가 없음을 시인하는 것과 같다(쇼펜하우어, 《문장론》, 162쪽)"라고 말한 적이 있다. 하지만 글을 쓰는 사람이 모두 위대한 사상가가 되어야 할 필요도 그럴 의무도 없다. 글쓰기를 하지 않고 사는 사람보다 글쓰기를 통해 훨씬 더 많은 것들을 얻을 수 있고, 자신의 삶을 드높일 수 있다면 굳이 글쓰기를 하지 말아야 할 이유 같은 것은 존재하지 않는다.

위대한 사상을 가진 자들만이 글 쓸 자격이 있던 시대는 이미 오래전

에 종말을 고했다. 아무 생각 없이 들쓰기에 도전하는 것이 어리석어 보일지 모른다. 그러나 글을 쓰는 경험을 통해 생각이 싹을 틔우고 꽃을 피우고 열매를 맺는 어마어마한 큰 나무가 될 수도 있다.

위대한 사상가들은 굳이 글쓰기를 할 필요가 없다. 우매한 이들에게 자신의 사상을 전달해서 계몽하려는 것이 아니라면 말이다. 하지만 평범한 사람들일수록, 그리고 이 시대를 살아가고 있는 사람들일수록 글쓰기가 필요하다. 그러므로 당신도 쓰라.

다산 정약용 선생의 '둔필승총鈍筆勝聰'이란 화두도 질이 아니라 양적 글쓰기를 강조하는 말이다. 무딘 붓이 총명함을 이긴다는 뜻이다. 즉 형편없고 조잡한 글쓰기라도 매일 자즈 많이 하는 사람이 결국에는 재주 있는 총명한 사람들을 넘어서게 된다는 의미다. 내가 생각하기에 이 말의 깊은 속뜻은, 글쓰기는 좋은 머리나 재주로 하는 것이 아니라 소처럼 우직하게 매일 자주 많이 하라는 의미다. 나는 정약용 선생의 말을 이렇게 받아들인다.

탁월함은 어떻게 끌어내는가? 확실한 방법은 없지만 한 가지는 분명하다. 엄청나게 많이 쓰지 않고서 탁월한 글을 써낼 가망은 없다. 상당수는 나쁜 글이 될 것이다. 방대한 연습과 경험을 원한다면 지성이 잘 작동할 때만 글을 쓸 수 없는 노릇이다. 게다가 글쓰기에서 어떤 즐거움을 느끼지 못한다면 많이 쓸 수 없고, 나쁜 표현이 나올 때마다 움찔해서 쓰기를 멈추고 고치려고 해서야 즐거움을 맛볼 수 없다.

충분히 써야 그래도 탁월한 글을 써낼 가망이 있다.

_ 피터 엘보, 《힘 있는 글쓰기》, 24~25쪽

좋은 글을 써내는 유일한 방법은 엄청나게 많이 써내는 것이다. 그래서 글은 머리가 아니라 엉덩이로 쓰는 것이다. 3000번의 기업 강의와 700명의 CEO와 만남을 가졌던 한근태 교수는 자신의 저서를 통해 글은 시상이 떠올랐을 때 쓰는 것이 아니라 기계적으로 노동자처럼 써야 한다고 설파했다.

글은 시상이 떠올랐을 때 쓰는 것이 아니다. 노동자처럼, 기계적으로 써야 한다. 소설가 야마다 도모히코는 은행원으로 일하면서 집필 활동을 했다. 그 역시 기계적인 글쓰기를 강조했다. 휴가를 이용하지 않았다. 휴가 기간 중 여유롭게 글쓰기에 몰입할 수 있을 것 같지만 그렇지 않다는 것이다. 오히려 쉴 때는 푹 쉬고 일상 중에 집필을 위한 시간을 짜냈다. 훌륭한 소설가들은 대체로 다작을 했고 맹목적이고 기계적으로 글을 썼다. 감흥이 생겨서 글을 쓰는 것이 아니라 글을 쓰다 보면 감흥이 생긴다.

_ 한근태, 《일생에 한번은 고수를 만나라》, 17쪽

글쓰기에 대해 큰 착각을 품고 있는 사람이 많다. 그러나 실상은 다르다. 작가들 대부분은 기계적으로 글을 썼다. 그러므로 지금 당장 엉덩이를 의자에 붙여라. 그리고 머리가 아니라 손가락을 움직여 글을 쓰라.

그렇게 되면 머리가 따라온다.

한근태 교수는 사람들을 만날 때마다 글쓰기의 중요성을 강조한다. 그 이유는 글을 쓰면 전문성이 커지고, 호기심의 촉이 날카로워지고, 이름도 알릴 수 있고, 돈도 벌 수 있기 때문이다. 특히 많은 사람이 오해하는 것이 있다. 현직에 있을 때 잘나갈 때는 글을 쓸 수 없고, 나중에 퇴직한 후에 한가한 시간과 여유가 있을 때라야 글을 쓸 수 있다는 생각이다. 그러나 지금 하지 않으면 좀대 그 순간은 오지 않는다. 지금 당장, 가장 바쁠 때 가장 잘나갈 때 당신이 해야 하는 것이 바로 글쓰기다. 자! 의자에 엉덩이를 붙이자.

생각이 떠올라 쓰는 것이 아니라
쓰기 때문에 생각이 나는 것이다

글쓰기와 관련하여 가장 어리석은 허상 중 하나가, 영감이 떠오르지 않아서 글을 쓸 수 없다는 것이다. 이것은 말 그대로 망상이다. 어떤 위대한 대문호도 영감이 떠오르기 때문에 매일 글을 쓴 것이 아니다. 매일 습관처럼 의자에 엉덩이를 붙이고 펜을 잡았기 때문에 영감이 떠오르게 된 것이다. 영감이 먼저가 아니라 쓰기가 먼저라는 것이다. 쓰레기 같더라도 계속 쓰다 보면 이내 곧 보석이 나온다는 말이다. 이런 사실에 대해서 《글쓰기 로드맵 101》의 저자이며 소설가이자 시인이기도 한 스티븐 테일러 골즈베리는 이렇게 멋지게 표현했다.

> 글쓰기를 시작하기 전에 영감이 오기를 기다린다면, 정신이 번쩍들 많은 통찰력을 기대한다면, 당신은 어리석을 뿐 아니라 작가와 인연이 없는 사람이다. 일단 써라. 글을 쓴다는 물리적 행위 자체가 상상력을 해방시킨다. 동작으로 아름다움을 드러낸다는 의미에서 글쓰기는 춤이나 스포츠와 같다. 소설의 문체와 관련된 기법 중에 의식의 흐름이라는 것이 있는데, 초고를 쓸 때에도 구사해볼 만한 전략이다. 머릿속에 흐르는 말들을 멈추지 말고 손가락의 움직임을 통해 흘러 나가도록 하라. 적어도 처음 단계의 글쓰기는 쉽다. 단어들을 하나하나씩 써나가면 된다. 영감은 대개 문장 중간에 떠오른다. 잉크 자국을 따라가다 보면 자연스럽게 당신의 뮤즈가 노래를 시작할 것이다.
> _ 스티븐 테일러 골즈베리, 《글쓰기 로드맵 101》, 21~22쪽

이런 점에서 나는 독자들에게 매우 '이상한' 방법을 추천하고 싶다. 그것은 바로 '생각하지 말고 무작정 글을 쓰는 방법'이다. 믿기지 않겠지만 나는 인간이 아니라 기계처럼 글을 쓴다. 그것도 매일 말이다. 아침에 눈을 뜨면 밥을 먹고 도서관에 간다. 마치 도서관이 나의 직장인 것처럼 말이다. 그리고 나서 도서관에 도착하면 바로 앉아서 무작정 글을 써내려간다. 한 시간이 흐르고, 또 한 시간이 흐른다. 이 정도 시간이 지나면 벌써 하루 목표량을 다 쓰게 된다.

내가 믿는 것은 이것이다. 그냥 앉아서 습관처럼 글을 쓰면 된다는 사실이다. 글을 쓰면 생각은 내가 쓴 글이 대신해주는 것 같다. 그래서 나는 생각한다고 여기지 않는다. 내가 쓴 글들이 생각을 해주고, 내게 그 생각을 알려주는 듯하다.

결론은 이것이다. 생각날 때까지 기다리지 말라는 것이다. 생각이 떠올라 글을 쓰는 것이 아니라 글을 쓰기 때문에 더 많은 것들이 생각난다. 그러므로 생각하려고 하지 말고, 그저 글을 쓰기 바란다.

이런저런 생각을 많이 하게 되면 글쓰기의 두려움에 갇힌다. 갇히는 순간 모든 것이 멈춘다. 단 한 글자도 더 이상 쓰지 못하게 된다. 그 순간이 오기 전에 기계적으로 글을 쓰는 습관을 들여야 한다.

나만큼 글쓰기를 좋아하고 즐기는 사람이 있다. 바로 로버타 진 브라이언트라는 작가다. 그는 발표하지 않은 글만 책 50권 분량이 넘는다고 한다. 그런데 그도 역시 생각하지 않고 글을 쓰는 방법을 추천하고 있다. 그뿐만 아니라 생각하지 않고 글을 쓴다는 것의 장점에 대해서도 매우 설득력 있게 묘사하고 있다.

어떻게 생각을 하지 않고 글을 쓸 수 있는가? 조리가 있는 글을 쓰려고 하지 말고 단지 종이에 낱말을 늘어놓기만 하면 된다. 지난날 나는 글을 쓰겠다면서 내내 생각만 하며 시간을 보내곤 했다. 무엇을 써야 할 것인지 생각하고, 어떻게 시작해야 할 것인지 생각하고, 이러면 안 되고 저러면 안 된다고, 생각하고 또 생각했지만 종이 위에서는 아무 일도 일어나지 않았다. 그 많은 생각을 했지만 아무것도 거둔 게 없었다. 생각하는 것은 글쓰기가 아니다. 글쓰기는 머리가 아닌 종이에 낱말을 늘어놓는 것이다.

_ **로버타 진 브라이언트**, 《누구나 글을 잘 쓸 수 있다》, 99쪽

내가 좋아하는 글쓰기 방법은 '생각하지 않고, 마음 가는 대로 재미로 쓰는 것'이다. 이것은 뒤에 나오는 프리 라이팅free writing 기법과도 일맥상통한다.

명심하라. 생각하면서 글을 쓰는 것보다 의식하지 않고, 심하게 과장해서 말한다면 무의식상태에서 글을 쓸 때 더 많은 글을 더 잘 쓰게 된다는 사실이다.

_ **김병완**

왜 글쓰기와 같은 위대한 놀이를 초등학생들이 학교에서 배우는 읽기와 쓰기 수준으로 전락시켜서 그 가치와 효과를 무참히 짓밟는가? 그렇게 하지 마라. 시간이 아깝고, 노력이 아깝고, 인생이 아깝다. 30여 년 동안 글쓰기 교육에 힘써온 《하버드 글쓰기 강의》의 저자 바버라 베이그는 잠재의식을 활용할 때 더 나은 글쓰기가 가능하다고 말한다.

프리 라이팅을 할 때 자신이 안다는 사실을 몰랐던 아이디어나 통찰, 이미지, 정보가 튀어나온다면 그것은 바로 여러분의 잠재의식이 활동

하는 것이다. 습작을 마친 이후에드 계속해서 더 많은 재료를 제공하려는 것 때문에 잠재의식은 마찬가지로 중요하다.

많은 작가가 잠재의식을 활용하기 위해 나무 밑에서 낮잠을 자거나, 커피를 마시거나, 반신욕을 하거나, 오솔길을 산책하기도 한다. 하지만 이런 것들보다도 더 나은 최고의 방법은 단연코 글쓰기다.

잠재의식을 활용하는 최고의 방법은 글을 무작정 쓰는 것이다. 무작정 걷는다는 것이 어떤 것인지 느낌을 알 것이다. 글을 쓰는 것도 그렇게 무작정 쓸 수 있다. 나는 그 느낌을 잘 알고 있다. 그렇게 되면 잠재의식이 깨어나고 잠재의식을 최대한 활용하게 된다. 그 결과 쓰기 때문에 생각들이 튀어나오는 것이다.

프리 라이팅 기법의 대가인 피터 엘보는 글을 잘 써내는 한 가지 비결로 일단 쓰기 시작하는 태도가 중요하다고 말한다.

글을 성공적으로 써내는 비결은 한 가지 중요한 태도를 익히는 것이다. 아직 맹아 상태에 있는 아이디어, 아니면 심지어 아이디어를 얻고 싶다는 갈망밖에 없을 때라도 일단 쓰기 시작하면 언젠가 자신이 하려는 말을 찾게 될 것이라고 믿어야 한다. 아이디어가 꼬물거릴 때 더 흔하게 나타나는 반응을 피할 줄 알아야 하는 것이다. 하고 싶은 말이 이미 머릿속에 떠올라 명확하게 정리될 때까지 기다리면서 쓰지 않는 것 말이다. _피터 엘보, 《힘 있는 글쓰기》, 122~123쪽 그렇다. 일단 쓰기 시작하면 자신이 쓰려던 말이 무엇인지 생각나게 된다. 글쓰기를 하는 전업 작가들은 이 사실을 누구보다 잘 알고 있다. 그러므로 일단 쓰라. 무엇이든 아무거나 상관없다. 중요한 것은 쓰기 시작하는 것이다.

글쓰기야말로 위대한 놀이다

글쓰기야말로 위대한 놀이다. 처음에는 재미로 호기심으로 경험으로 혹은 생계 수단으로 쓰기 시작하지만 쓰면 쓸수록 그것이 단순한 행위가 아님을 알게 된다. 더 무슨 설명이 필요할까? 글쓰기야말로 위대하다. 글쓰기는 가장 위대한 인간 행위 중 하나다. 심지어 그것이 놀이처럼 여겨지고 느껴짐에도 말이다.

외적 보상이나 압력이나 수단으로 글쓰기를 하는 것은 위대한 글쓰기를 모독하는 것이다. 그럼에도 글쓰기를 하라고 추천하는 이유는 글쓰기는 그러한 것들이 아무리 행패를 부린다고 해도 절대로 꿈쩍하지 않을 것임을 알기 때문이다.

인간으로 하여금 위대한 삶을 살게 하는 것은 외적 보상이나 압력이 아니라는 것은 역사가 증명해준다. 그것은 일에 대한 관심과 즐거움, 도전의식이라는 것을 말이다.

글쓰기가 위대한 놀이인 이유는 바로 여기에 있다. 글쓰기를 진정으로 좋아하는 사람들은 글쓰기를 통해 위대함에 이르게 된다. 아무런 대가도 바라지 않고 글을 쓰는 사람은 이미 위대함에 도달한 사람들이다.

그런 사람들은 글을 쓴다는 것이 송두리째 내어줌을 의미한다는 것을 잘 알고 있다. 가장 훌륭한 작가는 모든 것을 내어주는 작가다. 글쓰기는 그 자체로 이 세상의 그 무엇보다도 더 큰 보상이라는 것을 그들은 잘 알고 있다. 그러므로 글쓰기를 즐겨라. 즐길 때 가장 위대한 글이 탄생하기도 한다. 그리고 무엇보다 즐길 때 인생의 가장 큰 의미를 깨닫게 된다.

"목표에만 사로잡혀 인생을 잃지 마라"는 니체의 조언을 명심한다면, 글쓰기를 하는 사람들은 모두 과정 그 자체를 놀이로 여겨야 할 것이다. 굳이 니체의 조언이 아니더라도 글쓰기야말로 위대한 놀이라는 사실은 변함없다.

글쓰기는 놀이와 비슷하다. 아무런 의도나 목표도 없이 그저 즐길수록 놀이에 심취할 수 있다. 글쓰기도 이와 다르지 않다. 아무런 의도나 목표도 없이 즐길 줄 아는 사람들이 글쓰기에 심취할 수 있다.

글쓰기란 무릇 우리 내면에서 잠자고 있는 동심을 깨우는 알라딘의 램프와 같다. 그렇기에 마법과 같은 기적이 일어나야 한다. 그것 자체가 기적임을 알지 못하는 사람은 알라딘의 램프를 수중에 넣고서도 그것이 어떤 힘을 가지고 있는지 모르는 사람과 다를 바 없다.

글쓰기는 자기를 발견하고
완성하는 과정이다

당신이 어떤 글을 쓰든 그 행위는 무한한 가치를 지니게 된다. 글쓰기는 자기 발견이며 자기완성이다. 글쓰기는 글을 쓰는 저자에게 배움이자 깨달음의 과정이 된다. 그리고 나아가서 인생에서 마법을 일으켜주는 알라딘의 램프가 된다. 글쓰기를 통해 삶의 즐거움과 온갖 보상을 만끽하게 된다.

글쓰기를 통해 얻을 수 있는 것은 한둘이 아니다. 자신의 내면에서 잠자던 천재성과 예술성이 발현되고, 어제와 전혀 다른 삶의 문을 발견하게 된다. 독서를 통해 의식이 달라지고 도약하게 되면 가장 먼저 하는 것이 글쓰기인 이유가 바로 여기에 있다. 글쓰기는 자기 발견이며 자기완성으로 이르는 길이기 때문이다. 내가 끊임없이 글쓰기를 하는 이유는 오로지 재미뿐만은 아니다. 글쓰기를 통해 끊임없이 자신을 발견해갈 수 있기 때문이다.

이미 완벽한 존재라면 글쓰기를 하지 않을 것이다. 하지만 불완전하기에, 그것도 너무나도 불완전하기에 오늘도 쓰고, 어제도 썼고, 내일도 쓸 것이다. 그러므로 나는 내일 세상이 끝난다 해도 오늘 글을 쓸 것이다. 내게는 쓰는 것이 삶의 본질과 맞닿아 있기 때문이다. 삶의 본질은 성장이다. 그저 나이 먹는 것이 육체의 본질이라면, 성장하는 것은 정신의 본질이다.

글쓰기를 통해 저자는 자신의 삶을 독자들과 공유하게 되고 자기 자신을 독자들에게 보여주게 된다. 그래서 글쓰기는 저자의 인생을 넓혀 주고 다양한 만남이 이루어지게 해준다.

저자는 직접 만나지 않아도 책을 통해 독자와 만나고 이야기를 나눈다. 그러면서 저자는 자기 자신에 대해 독자의 서평과 말을 통해 더 정확하게 알게 된다.

나의 이야기는 오직 나만 쓸 수 있다

글쓰기는 자기 자신을 파는 것이다. 당신이 글쓰기를 해야 하는 이유는 당신의 이야기를 글로 쓸 수 있는 사람은 당신 말고는 없기 때문이다. 당신의 이야기도 그 어떤 영웅이나 천재들의 이야기 못지않게 타인에게 감동과 재미와 교훈을 줄 수 있다. 이런 이유 때문에 당신은 부와 성공이 목표가 아니더라도 글쓰기를 해야만 하는 것이다.

미국의 저널리스트이며 글쓰기를 오랫동안 가르쳐온 윌리엄 진서는 자신의 책을 통해 작가는 반드시 자신의 이야기를 써야 하며, 자신을 팔아야 하는 존재라는 사실에 대해 각인시킨 바 있다.

나는 야구에 대한 책 한 권과 재즈에 대한 책 한 권을 썼다. 하지만 하나는 스포츠 언어로, 또 하나는 재즈 언어로 쓴다는 생각은 한 번도 해본 적이 없다. 나는 둘 다 내가 할 수 있는 최선의 언어로, 내가 늘 구사하는 문체로 쓰려고 애썼다. 두 책의 주제는 크게 다르지만, 나는 독자들이 같은 사람의 목소리로 느끼게 하고 싶었다. 그것은 야구를 다룬 '나'의 책이었고, 재즈를 다룬 '나'의 책이었다. 다른 사람들도 그들만의 책을 쓸 것이다. 내가 무엇을 쓰든, 작가로서 내가 팔 것은 나 자신이다. 그리고 여러분이 팔 것은 여러분 자신이다.

_ 윌리엄 진서, 《글쓰기 생각쓰기》, 203쪽

이 시대 모든 사람이 글쓰기를 해야 하는 이유가 바로 이것이다. 당신이 이 세상에 살다 간 흔적을 어떻게 남길 것인가? 당신이란 사람이 어떤 삶을 살았는지 누가 알겠는가? 어떤 생각을 가지고 어떤 일상을 보내며 어떤 일을 하며 살았는지를 말이다. 그것을 제대로 알리는 최고의 방법이 바로 글쓰기다. 글쓰기 말고 더 위대한, 더 효과적인 수단은 없다.

모든 사람의 삶은 하나의 역사이며 스토리다. 그런 역사와 스토리를 그냥 낭비한다는 것은 정말 안타까운 일이다. 글을 쓴다는 것은 과거로 사라져간 당신의 이야기를 끄집어내어 다시 생명력을 불어넣는 놀라운 작업이다.

글쓰기의 성패,
질이 아니라 양에 달려 있다

아무리 볼품없는 글이라도 꾸준히 쓰는 사람이 있다. 그리고 그 사람 옆에는 글을 좀 더 창조적으로, 좀 더 빨리, 좀 더 잘 쓰려는 고민으로 가득한 사람이 있다. 자, 5년 후 누가 더 글을 잘 쓰는 사람이 되었을까? 이런 경우 결과는 뻔하다. 아무리 볼품없는 글이라도 꾸준히 쓰는 사람이 결국 글을 잘 쓸 수 있게 된다. 이것은 결국 양이 질을 이끈다는 원리를 잘 설명해준다.

완벽한 때를 기다리며 보내는 시간은 허비되기 일쑤다. 그 시간에 한 글자라도 더 쓰는 사람이 결국 글을 쓰는 작가로 성공할 수 있다. 그래서 글쓰기는 한 만큼 성공으로 이어진다. 여기에 실패는 없다.

한두 권의 책을 출간해서 그것이 거의 안 팔릴 정도로 참담한 실패를 했다고 해도, 그것은 작가의 측면에서 보면 그만큼 경험이 되고 재산이 되는 것이다. 그런 과정과 경험을 통해 그 사람은 책을 출간해보지 못한 사람보다 훨씬 더 많은 것을 이미 배웠다. 특히 글쓰기라는 측면에서 볼 때 그 사람은 이미 두 단계 정도 더 멀리 나가 있는 셈이다.

올 한 해 동안 가장 혁신적인 논문을 쓴 사람이 누구일지 예측하는 좋은 방법이 있다. 최근에 가장 많은 논문을 발표한 사람을 선택하면 된다. 그 이유는 많은 양의 논문을 쓰는 사람이 결국 최고의 질 좋은 논문을 쓰는 사람이 되기 때문이다.

그런 점에서 프로이트가 600여 편의 논문을 발표했고, 모차르트가 600여 곡의 음악을 작곡했다는 것은 우연의 일치가 아닐 것이다. 양이 질을 만든다. 고수가 되는 사람들, 최고가 되는 사람들을 보면 보통 사람들보다 훨씬 더 많은 양의 작품을 만들고 훨씬 더 많은 양의 일을 한다. 어떤 일을 하더라도 양이 결국 질을 이끌게 된다.

처음부터 잘 쓰는 사람은 더욱 드물다. 무슨 일이든지 처음 시작할 때는 약간의 고통이 따른다. 게다가 두려움과 부끄러움도 함께한다. 하지만 대문호의 글, 나 같은 저술가의 글 따위와 자신의 소중한 기록을 같은 반열에 놓고 비교하지 마라. 누가 뭐라 해도 자기 자신이 썼기에, 누가 뭐라 해도 내 인생의 기록이기에 소중하고 아름다운 글이다. 그렇게 애정 어린 마음으로 꾸준히 써보라. 수백, 수천 장의 원고지를 채워보라. 모든 일이 그렇듯 글쓰기도 반복하다 보면 어느 순간 문리를 터득한다.

_ 공병호(공병호경영연구소 소장)

공병호 소장의 말은 진리다. 무엇을 하든지 반복하다 보면 어느 순간 문리가 트이고, 그렇게 되면 이성적이 아니라 본능적으로 글을 잘 쓸 수 있게 된다. 그러므로 다작을 강조한 옛말은 허투루 하는 말이 아니다.

다작이 중요하다. 다작을 해야 그 과정에서 많이 공부하고, 많이 배우고, 실수하면서 다듬어지고 실력도 쌓인다. 바로 양질전환量質轉換의 원리다. 지식 발전의 형태는 선형적이 아니라 퀀텀식이다. 직선으로 조금씩 나아지는 것이 아니라 별 발전이 없는 것처럼 보이다 어느 순간 폭발적으로 늘어난다. 모든 게 그렇다. 기타를 치는 것도, 운동하는 것도, 책을 읽고 쓰는 것도 그렇다

_ 한근태, 《일생에 한번은 고수를 만나라》, 24쪽

한근태 교수의 이 말은 내가 하고 싶은 말을 너무나 멋지게 표현하고 있다. 천재로 도약하든, 훌륭한 작가가 되든 양질전환의 원리가 그대로 적용된다. 그래서 어제까지는 절대 상상도 할 수 없었던 일을 오늘은 밥을 먹는 것과 다를 바 없이 자연스럽게 해낼 수 있는 사람으로 도약하는 일이 실제로 우리 주위에서 벌어지는 것이다.

기억하자. 성장과 발전은 선형적이 아니라 퀀텀식이라는 사실을 말이다. 그렇게 하기 위해서 필요한 것은 축적이다. 양이 결국 질을 바꾸기 때문이다.

프리 라이팅, 자유롭게 쓰라!

내가 가장 좋아하는 미국 작가는 나탈리 골드버그다. 그녀의 집필 스타일이 나와 매우 흡사하기 때문이다. 그녀와 나의 글쓰기 스타일을 한마

디로 말하자면, '프리 라이팅'이다.

이 스타일은 이제 하나의 기법이 되었다. 이 기법은 '문법과 형식의 구애를 받지 않는 스타일'이며, 무엇보다 '의식의 흐름을 따라가며 거침없이 글을 쓰는 자유로운 글쓰기'를 뜻한다.

이러한 '프리 라이팅' 기법을 처음 명명한 사람은 피터 엘보다. 그는 《선생님 없이 글쓰기Writing Without Teachers》(1975)라는 책에서 처음으로 이를 명명했다. 그 후 나탈리 골드버그의 《뼛속까지 내려가서 써라Writing Down the Bones》(1986)와 줄리아 캐머런의 《아티스트 웨이The Artist's Way》(1992)를 통해 많은 이들에게 알려지기 시작했다.

원래 이것은 시인들이 즐겨 쓰던 방법이라고 한다. 그런데 산문 분야에서도 이런 방법을 사용해버린 것이다. 도로시아 브랜디가 《작가 수업》을 통해 처음으로 구현 방법을 제시하기도 했다.

내가 작가로서의 삶을 살게 된 이유 중 하나는 글쓰기가 자유로운 행위며, 정말로 뼛속까지 내려가서 글을 쓰고 싶었기 때문이다. 그래서 나에게 기적을 가져다준 5년(책 읽기에 미친 3년과 책 쓰기에 미친 2년) 중에서 후반부 2년 동안을 글쓰기에 완전하게 빠질 수 있었던 것이다.

그 과정에서 한 가지 중요한 사실을 터득했다. 그 한 가지 교훈은 '글쓰기는 질이 아니라 양이 모든 것을 좌우한다'는 사실이었다. 그래서 나는 글쓰기 강의를 갈 때마다 반드시 강조하는 말이 있다. 절대로 양을 무시해서는 안 된다는 원칙이다. 결국 작가는 딴 것이 아니다. 거창하고 화려한 직업도 아니다. 작가는 본질적으로 매일 글을 쓰는 사람이어야 한다.

농부는 매일 농사를 지어야 하고, 어부는 매일 바다에 나가야 하듯, 작가는 매일 글을 써야 한다. 즉 작가란 매일 글을 쓰고 또 쓰는 사람일 뿐이다. 위대한 작가 또한 매일 글을 쓰는 사람 중에서 탄생한다. 그러므로 매일 글을 써라.

매일 글을 쓰는 사람이 되기 위해서 가장 필요한 것은 모든 것에서 벗어나서 자유롭게 쓰기를 하는 것이다. 피터 엘보는 자유롭게 쓰기에 대해서 자신의 저서인 《힘 있는 글쓰기》에서 이렇게 말하고 있다.

> 자유롭게 쓰기는 내가 아는 한 글을 써내는 가장 손쉬운 방법이며 최고의 만능 연습법이다. 자유롭게 쓰기 연습을 하려면 그저 십 분간 멈추지 않고 강제로 쓰면 된다. 따로는 좋은 글이 나올 테지만 그것은 우리의 목표가 아니다. 한 주제에 집중해도 좋고 이 주제에서 다른 주제로 갈마들어도 좋다. 때로는 의식의 흐름을 잘 기록한 글이 나올 테지만, 의식의 흐름을 계속 따라가기는 무리일 것이다. 자유롭게 쓰기를 하면 때때로 가속이 붙겠지만 속도는 우리의 목표가 아니다.
>
> _ 피터 엘보, 《힘 있는 글쓰기》, 52쪽

자유롭게 쓰기의 가장 큰 이점은 글쓰기의 뿌리에 깔린 심리적 어려움을 덜어내어 글을 더 쉽게 쓸 수 있게 해준다는 것이다. 뿐만 아니라 자유롭게 쓰기는 글감을 떠올리는 데도 보탬이 된다는 것을 쉽게 경험할 수 있다. 가장 중요한 사실은 자유롭게 쓰기를 하면 글쓰기 실력이 향상된다는 것이다. 믿기 어렵겠지만 실제로 해보면, 그 효과에 놀라지 않을 수 없게 될 것이다.

나탈리 골드버그는 자신의 명저인 《뼛속까지 내려가서 써라》에서 양이 질보다 중요하다는 사실에 대해서 끊임없이 강조하고 있다.

> 나는 한 달에 노트 한 권은 채우도록 애쓴다. 글의 질은 따지지 않고 순전히 양만으로 내 직무를 판단한다. 그러니까 내가 쓴 글이 명문이든 쓰레기이든 상관없이 무조건 노트 한 권을 채우는 일 자체를 중요하게 생각하는 것이다. 만약 매달 25일이 되었을 때 노트가 다섯 장밖에 채워져 있지 않다면, 나는 나머지 5일 동안 전력을 다해 나머지 노트를 꽉 채우고야 만다.   ㅡ 나탈리 골드버그, 《뼛속까지 내려가서 써라》, 59쪽

나도 역시 나탈리 골드버그와 비슷한 글쓰기 원칙을 오래전부터 가져왔다. 그것은 매일 훈민정음 워드로 5페이지를 쓰는 것이다. 비가 오나 눈이 오나, 심지어 타 지역으로 강의를 가는 날에도 5페이지를 꼬박 쓴다. 무조건 쓴다. 쓰레기가 나오더라도 말이다.

사실 몇 달 전까지만 해도 평일에는 하루에 10페이지를 무조건 썼고, 주말이거나 출장을 갈 때는 5페이지를 썼다. 그런데 지금은 그때에 비해 많이 축소되었다. 그 이유는 이제는 쓰기보다 읽기에 더 비중을 두어야겠다는 생각이 들었기 때문이다(3대 1 정도의 비율). 3시간 읽고

1시간 쓰는 비율이다.

모든 천재가 양을 중요시했음을 알아야 한다. 베끼기와 같은 것도 절대 무시해서는 안 된다. 그것이 어쩌면 초보자들에게는 최고의 연습이며 훈련이 되기 때문이다.

많은 사람이 모차르트의 천재성에 대해 오해한다. 그의 별명에서 이런 오해가 비롯된 것 같다. 사람들은 모차르트를 '음악의 신동'이라고 부른다. 이 말 때문에 많은 사람이 모차르트가 마치 남들보다 더 많은 연습이나 훈련을 하지 않고도 그들보다 더 훌륭한 곡을 만들어낼 수 있는 천재였던 것처럼 생각하게 되었다.

하지만 모차르트 역시 어렸을 때는 베끼기를 했다. 남들보다 더 많이 했다. 모차르트가 위대한 작곡가가 될 수 있었던 것은 당신보다 몇백 배 더 많이, 더 빨리 베끼기를 했기 때문이다. 그것뿐이다. 나의 이 말이 믿기지 않는다면, 모차르트가 친구에게 보낸 편지에서 했던 말을 보라.

사람들은 내가 쉽게 작곡한다고 생각하지만 이건 실수라네, 단언컨대 친구여, 나만큼 작곡에 많은 시간과 생각을 바치는 사람은 없을 걸세. 유명한 작곡가의 음악치고 내가 수십 번에 걸쳐 꼼꼼하게 연구하지 않은 작품은 하나도 없으니 말이야.

_트와일라 타프, 《천재들의 창조적 습관》, 21쪽

글쓰기도 이와 다르지 않다. 베껴 쓰기를 많이 해야 한다. 그리고 베껴 쓰기와 함께 자신의 글을 쓰는 것도 역시 많이 해야 한다. 결국 질은 양에서 나오기 때문이다. 이 말이 의미하는 것은 두려워하기보다 무조건 쓰면서 훈련하라는 것이다. 즐기면 많이 쓸 수 있고, 쓰다 보면 잘 쓸 수 있다. 결론은 훈련이다. 연습이다.

프리 라이팅을 통해 얻게 되는 것들이 적지 않다. 첫 번째는 아무런 방해도 받지 않고 편하게 글을 쓸 수 있게 된다는 것이다. 두 번째는 정신 집중력을 극적으로 향상시킬 수 있다는 것이다.

> 프리 라이팅 훈련을 통해 얻게 될 가장 중요한 소득은 아무런 방해도 받지 않고 자신의 생각과 말을 편안한 마음으로 종이에 옮기게 된다는 점이다. 오히려 쓰는 행위를 통해 여러분은 더 편한 마음을 갖게 될 것이다. 또 창조적 기능이 늘 무엇인가를 제공한다는 사실도 배우게 될 것이다. (……) 프리 라이팅 훈련은 또한 정신집중력을 극적으로 향상시킬 수 있다. 프리 라이팅 훈련을 하는 동안에는 마음속에 떠오른 생각에 좀 더 집중하게 됨으로써 이런 목소리들은 머릿속에서 사라질 수 있다. 이 말은 결국 많은 훈련을 거치면 더 능률적으로 머릿속에서 사라질 수 있게 된다는 뜻이다.
>
> _ 바버라 베이그, 《하버드 글쓰기 강의》, 45쪽

이 글은 무엇보다도 프리 라이팅 기법은 자신의 의식의 흐름을 그대로 기록함으로써 자신의 감정과 상황을 정확하게 성찰하게 해주고, 어

떤 현실적인 문제에 대해 충분히 살펴볼 수 있게 도와주는 놀라운 글쓰기 기술이라는 의미를 담고 있다.

더욱더 놀라운 사실은 이 기법이 놀랍도록 효과적인 연습 방법이라는 데 있다. 최소한 나에게는 그랬다. 여러분에게는 어떨까? 여러분도 내가 했던 의식의 흐름대로 자유롭게 글을 쓰는 방법을 온몸과 마음으로 직접 체험해보길 진심으로 권한다.

그러므로 여러분도 일단 프리 라이팅을 해보라. 모든 사람이 글을 써서 어떤 칭찬을 받을 필요는 없다. 하지만 아주 놀랍고 만족스러우며 혁명적인 글쓰기 기법은 한두 번 경험해볼 필요가 있지 않겠는가.

글쓰기에 정답은 없다. 하지만 원리는 있다

서울대 글쓰기 교실에서 내놓은 조언이 하나 있다고 한다. "글을 잘 쓰려면 절대로 정답에 연연하지 마라"는 것이다. 즉 글쓰기에는 정답이 없다는 것이다. 그러므로 두려움을 버리고 글을 쓰라는 뜻이다. 정답에 연연하거나, 무엇인가에 집착하면 그 글은 산으로 가게 된다. 과녁을 완전하게 벗어난다는 말이다.

하지만 명심해야 할 점이 있다. 글쓰기에도 법칙은 있다는 것이다. 그렇다고 해서 만고불변의 진리는 아니다. 하지만 그럼에도 살펴볼 가치가 있다고 생각한다. 자신이 글을 잘 쓰기 위해서 혹은 글을 쓰면서 살아가기 위해 필요한 법칙들이기 때문이다.

《누구나 글을 잘 쓸 수 있다》의 저자인 로버타 진 브라이언트가 밝히는 글쓰기의 법칙을 살펴보면, 글을 쓰는 데 도움이 될 만한 것들이 적지 않다.

글쓰기 제1법칙

'글쓰기'는 행동이다. 생각하는 것은 글쓰기가 아니다.
글쓰기는 머리가 아닌 종이에 낱말을 늘어놓는 것이다.

글쓰기 제2법칙

열정적으로 쓰라. 차분한 사람이라도 좋아하는 일은 열정적으로 추구하게 마련이다.
열정에는 창조성이 뒤따른다.

글쓰기 제3법칙

정직하게 쓰라. 알몸을 드러내라.
독창적인 것에는 진통이 따르게 마련이다.

글쓰기 제4법칙

재미로 쓰라. 자기를 위해!

작가가 그 과정을 즐기지 못한다면, 어떤 독자가 그 결과물을 즐기겠는가.

글쓰기 제5법칙
무조건 쓰라. 기를 꺾는 내면의 혹은 외부의 어떤 말도 무시하라.
끈질기면 항상 얻는 게 있다.

글쓰기 제6법칙
다작하라. 모든 것을 이용하라.
글과 씨름을 하다 보면 버릴 게 아무것도 없음을 알게 된다.

글쓰기 제7법칙
몰입하라. 자신의 아이디어에, 작가로서의 삶에 몰입해서 글을 쓰도록 하라.
자신을 믿어라.

이 7가지 법칙이 글쓰기의 정석이라고 할 수는 없을 것이다. 하지만 수십 권의 책을 쓰고 출간해 본 경험이 있는 나의 입장에서 볼 때, 거의 정석과 다름없는 법칙이라는 생각이 든다. 그래서 독자들에게 꼭 알려주고 싶었다.

글쓰기에는 정답이 없다. 하지만 원리는 있다. 글쓰기에 대해서 한 번도 배우지 못한 사람들이 우연히 글쓰기를 하게 되고, 혼자서 그 원리를 알게 모르게 터득하게 되면서 작가로 살아갈 수 있게 되는 것이다.

글쓰기의 원리를 한 마디로 말하자면, 탁월함을 추구해야 한다는 것이다. 탁월함을 추구한 글은 독자들이 자발적으로 읽고 싶게 만들고 실제로 읽도록 만드는 힘을 가지고 있다.

탁월한 글이란 독자와 떨어져서 생각할 수 없다. 탁월한 글이란 독자가 읽지 않으면 안 되는 도저히 거부할 수 없는 그런 글이기 때문이다. 아무리 잘 쓴 글이라도 독자가 외면하면, 그 글은 탁월한 글이 아니다.

그런 점에서 중요한 것은 독자다. 독자가 읽고 싶어 하는 글인지, 독자가 읽고 감동 받는 글인지, 독자가 열광하는 글인지, 독자의 머리에 오래오래 남을 수 있는 글인지 등이 가장 중요하지, 작가가 얼마나 많은 미사여구와 필력을 동원해 글을 멋지게 썼느냐 하는 것이 중요한 게 아니다.

이것은 결국 자신이 말하고자 하는 바를 얼마나 잘 전달해낼 수 있느냐의 문제다. 그래서 효과적으로 경제적으로 전달하는 방법을 터득한 사람들은 글을 쓸 수 있는 작가가 될 수 있다.

다시 말해 책 쓰기는 누구나 할 수 있는 자전거 타기와 같다. 자전거 타기의 원리는 넘어지지 않을 만큼의 속도를 유지하는 것이다. 책 쓰기의 원리는 독자에게 전달될 수 있을 만큼 효과적으로, 경제적으로 글을 쓰는 것이다.

그리고 이렇게 독자들이 읽지 않으면 안 될 만큼 좋아하는 글을 쓰기 위해서는 많이 쓰는 것이 필요하다. 충분히 많이 써야 탁월한 글을 써낼 가능성이 커지기 때문이다. 그래서 쓰기는 머리가 아니라 엉덩이로 해야 한다.

다음 장에서 배우게 될 글쓰기의 제1, 제2 원칙이 이러한 사실을 잘 말해줄 것이다.

잘 써야겠다는
생각을 지워버려라

나는 탐욕스러운 독서 습관 덕분에 두 가지는 지니고 있다고 생각했다. 첫째, 독서를 통해 얻은 엄청난 어휘력. 둘째, 글쓰기 책을 통해 두서없이 익힌 문장 기교. 안타깝게도 둘 다 전혀 쓸모가 없었다. 기교에 대해서는 모르는 게 없다는 태도와 막강한 어휘력, 그건 최대 장애물이었고, 가장 먼저 버려야 할 것들이었다. 나는 글을 잘 쓰는 방법을 알고 있다는 생각을 어렵게 버렸다. 부적절한 어휘로 가득 찬 헛간을 과시하고 싶은 유혹도 포기했다. 그 후 비로소 글쓰기가 나아지기 시작했고, 글이 생동감을 띠기 시작했다.

_로버타 진 브로-이언트, 《누구나 글을 잘 쓸 수 있다》, 37쪽

20여 년 동안 수천 명의 작가 지망생을 가르쳐온 로버타 진 브라이언

트는 솔직하게 자신의 경험을 이야기했다. 그녀는 고백한다. 글을 잘 쓰는 방법을 알고 있다는 생각을 버리자, 비로소 글쓰기가 나아지기 시작했다고. 이것뿐만이 아니다. 글이 생동감까지 띠기 시작했다고 한다.

결국 그녀가 우리에게 전해주는 교훈은 이것이다. 결코 자만하지 말라. 마음을 비우고 글을 써야 한다. 글은 독자의 눈과 귀를 즐겁게 해주는 미술이나 음악의 영역이 아니라 삶의 영역이다.

글쓰기의 본질은 정확한 전달에 있다. 정확한 전달을 잘하기 위해서는 글이 너무 길어지면 안 된다. 특히 너무 기교를 부리고, 너무 어려운 단어를 사용하면 안 된다. 하지만 많은 작가가 자신의 지식을 드러내 보여주기 위해 어려운 단어들을 사용하는 것을 좋아한다. 은근히 과시하듯 말이다. 바로 이 시점부터 글은 교과서처럼 권위적으로 바뀌고, 수백 년 전의 시체를 보관하고 있는 박물관이 된다.

자신의 글이 박물관을 차지하고 있는 수백 년도 더 된 시체가 되지 않게 해야 한다. 그렇게 하기 위해서는 글을 자신의 지식을 뽐내는 도구로 전락시켜서는 안 된다. 적확한 전달을 위해 글을 써야 한다.

종교 지도자들의 글이 베스트셀러에 자주 올라오는 이유는 무엇일까? 자신의 지식이나 업적을 자랑하기 위해, 과시하기 위해 글을 쓰지 않기 때문이다. 오히려 그 반대다. 진정으로 대중들에게 전해주고 싶은 메시지가 있기 때문에 그 글들이 살아서 춤추는 것이다. 종교 지도자들은 자기 자신들이 글을 잘 쓰는 작가라고 절대로 생각하지 않는다. 바로 그런 마음의 자세가 좋은 글이 나오게 만든다.

수준 높은 지식과 어려운 어휘들이 그대로 열거된 글들은 살아서 춤출 수 없다. 너무 무겁기 때문이다. 그러므로 글은 가벼워야 한다. 더 높게 비상하여 날기 위해서는 글이 가벼워야 하고 군더더기가 없어야 한다. 특히 과시나 자랑을 위한 기교는 버려야 한다.

나는 2년 동안 50권을 출간했고 그중 베스트셀러도 꽤 있다. 그럼에도 나는 글을 잘 쓴다고 생각해본 적이 없다. 글은 잘 쓰고 못 쓰고의 문제가 아니라 얼마나 많이 쓰고 적게 쓰느냐의 문제이기 때문이다. 더 무엇이 필요할까?

스스로 글을 잘 쓴다고 생각하는 순간, 그 작가는 자멸한다. 더는 한 권의 책도 쓸 수 없는 작가가 된다. 글쓰기의 본질은 기술이나 기교가 아니라 우리 의식에 달려 있기 때문이다.

글쓰기는 희열이다, 그 무엇도 뛰어넘을 수 없는

'독서광'이라는 말은 자주 들어봤을 것이다. 하지만 '집필광'이라는 말은 흔하게 들어보지 못했을 것이다. 나는 독서광보다 더 강하고 센 것이 바로 집필광이라고 생각한다. 나는 3년 동안 독서광으로 살았고, 철저하게 독서의 세계에만 빠져 있었다. 그때는 시간의 99퍼센트를 읽기에만 썼다. 그러다가 어느 순간 글쓰기의 희열을 맛보자 도저히 독서만으로는 만족을 느낄 수 없게 되었다. 그때부터 2년 동안 집필광으로 살았다. 쓰고 또 쓰고 또 썼다. 그렇게 쓴 이유는 한 가지다. 글쓰기가 재미있었기 때문이다.

글쓰기는 재미 혹은 중독 그 이상이다. 글쓰기는 내가 살아 있다는 것을 느끼게 해주는 최고의 몰입을 선사해준다. 그래서 나에게는 글쓰기만큼 행복하고 짜릿하고 즐거운 것이 없다. 글을 쓰는 것이 매우 고통스럽고 힘들다고 말하는 작가들을 내가 도저히 이해할 수 없는 이유다.

나는 글쓰기에 임할 때 절대 고민하지 않는다. 무엇을 쓸까? 어떻게 쓸까? 제목은 무엇으로 할까? 첫 문장은 어떻게 쓸까? 이런 고민을 절대 하지 않는다.

그 이유는 무엇일까? 아마도 습관 때문일 것이다. 단 한 번도 고민하거나 걱정하거나 생각하지 않았다. 그저 쓸 뿐이다. 글을 쓰는 기계라는 말을 들어본 적이 있는가? 그런 기계가 있다면 바로 나일 것이다. 반사적으로 본능적으로 그저 쓰고 또 쓰는 기계말이다.

나는 단 한 번도 퇴고를 한 적이 없다. 그저 초고를 일필휘지로 신들린 것처럼 쓰고 나서 출판사로 보내버린다. 미친 짓이다. 그렇다. 하지만 미친 짓이 때로는 현명한 선택이 될 수 있다.

그 덕분에 나는 많은 책을 쓸 수 있었다. 물론 책을 쓰는 속도, 즉 생산성도 다른 작가들보다 열 배 이상 빠르다. 5일이면 한 권의 책을 쓰고도 시간이 남는다.

더 놀라운 사실은 이렇게 쓴 책들이 국립중앙도서관에서 가장 많이 읽힌 책 TOP 10에 3년 연속 선정됐다는 것이다. 이렇게 쓴 책들이 베스트셀러가 되고 많은 사람에게 감동과 용기를 주고 인생을 바꾼다는 것이다. 이렇게 쓴 책들이 외국에 번역 출간되어 베스트셀러가 되기도 한다는 사실이다.

그런데 어떻게 책을 이렇게 빨리 많이 쓸 수 있는 것일까? 바로 책에 미쳤기 때문이다. 책 쓰기를 하는 과정을 통해 얻게 되는 희열, 즐거움 때문이다. 책 쓰기의 맛을 아는 사람은 절대 책 쓰기를 멈출 수 없다. 너무나 강렬하기 때문이다.

한마디로 자기 자신만의 즐거움을 위한 글쓰기인 것이다. 그리고 이러한 글쓰기의 즐거움은 지금도 나의 작가 생활(?)에 큰 버팀목이 되고 있다. 마치 로버타 진 브라이언트의 이 말처럼 말이다.

자기만의 즐거움을 위한 글쓰기, 개인적 가치를 위한 글쓰기는 습작을 할 때뿐만 아니라 작가로서 계속 경력을 쌓아갈 때에도 필요하다. 그런 글쓰기는 모든 글쓰기의 든든한 버팀목인 것이다. 내 학생들 가운데 일부는 재미로 혹은 가족을 위해 글을 쓰기 시작했지만, 결국에는 책까지 펴냈다.

_로버타 진 브라이언트, 《누구나 글을 잘 쓸 수 있다》, 69~70쪽

글쓰기를 잘할 수 있는 최고의 방법은 글을 많이 써보는 것이다. 그렇다고 무조건 많이 쓴다고 해서 실력이 향상되지는 않는다. 한 가지 조건

이 있다. 혼신을 다해 의식을 다해 글에 빠져서 글을 써야 한다는 것이다. 그러려면 먼저 요구되는 조건이 있다. 그것은 바로 글쓰기에 완전하게 미쳐야 한다는 것이다. 위대한 작가들은 글쓰기에 미쳤던 사람들이다. 피카소는 그림에 미쳤다. 하루에 한 점의 그림을 그렸고 평생 2만여 점의 그림을 남겼다.

그렇다고 당신이 꼭 위대한 작가가 되어야 한다고 말하는 것은 아니다. 다만 당신이 글을 쓰고자 한다면, 글쓰기를 통해 희열을 느끼는 방법을 터득하라고 말하는 것이다. 그것이 글쓰기의 가장 좋은 방법이자 가장 쉬운 방법이기 때문이다.

글쓰기의 즐거움을 알게 되면 그때부터 당신은 평생 글쓰기를 멈출 수 없게 된다. 평생 하게 되면, 그것으로 그만이다. 더 무엇을 바라겠는가?

단순한 기술적 창작론이 아닌 창작의 도와 정신이 살아 있는 창작론의 대가이자 중국인 최초로 노벨상을 수상한 가오싱젠은 글쓰기가 즐거움 그 자체가 될 때 좋은 글이 나올 수 있다고 다음과 같이 말한 바 있다.

> 글쓰기가 생계의 수단이 되지 않을 때, 글쓰기 자체의 즐거움을 위해 글을 쓸 때, 다른 누군가를 위해 글을 쓴다는 의식이 없을 때, 비로소 그 시대가 가장 필요로 하는 글이 자연스럽게 나오게 됩니다.
>
> _ **가오싱젠, 《창작에 대하여》, 41쪽**

자, 이제 타인의 시선을 의식하지 말고 마음껏 글쓰기 자체의 즐거움을 위해 글을 써보자.

다른 어떤 일을 할 때에도 마찬가지겠지만 글쓰기를 하고 싶다면 일정한 기술이 필요하다. 훌륭한 타자가 되고 싶다면 투수가 던진 공에 시선을 집중하는 법이나 올바로 타격하는 법을 배울 필요가 있다. 뛰어난 피아니스트가 되고 싶다면 악보를 읽고 건반 위에서 손가락 움직이는 법을 배울 필요가 있다. 이렇게 운동선수나 음악가와 마찬가지로 글 쓰는 사람 역시 글을 잘 쓰기 위해서는 일정한 기술이 필요하다는 말이다.
_ 바버라 베이그, 《하버드 글쓰기 강의》

제6장

글쓰기의 원리와 원칙, 그리고 문장 강화

글쓰기 제1원칙 : 전달하라!
절대 꾸미지 마라!

> 말이나 글은 뜻을 전달하면 그만이다. _ 공자
>
> 문장은 꾸밀 필요가 없다. 펜 가는 대로 써라. _ 사르트르
>
> 문이졸진文以拙進, 글은 졸함으로써 나아간다. _ 홍자성
>
> 분명하게 글을 쓰면 독자가 모인다. _ 알베르 카뮈
>
> 문이사의文以寫意, 글이란 뜻을 나타내면 그만이다. _ 연암 박지원
>
> 문장의 제1요건은 명료함이다. _ 아리스토텔레스

글쓰기를 시작하고자 하는 독자들에게 뜨거운 가슴으로 해주고 싶은 말이 있다면, 아마도 이것일 것이다. "글쓰기의 제1원칙, 전달만 하면 된다." 그러므로 절대 꾸미려고 하지 말고, 절대로 연출하거나 설정하지 마라. 그런 점에서 나는 공자의 다음과 같은 주장에 전적으로 동의한

다. 특히 말을 할 때는 더 그렇다.

> 말이나 글은 뜻을 전달하면 그만이다.
> _ **공자**, 《논어》, 〈위령공〉

그런데 글 또한 말이다. 그래서 어떤 작가들은 글짓기가 아니라 말 짓기라는 것을 강조하기도 한다. 표현하고자 하는 것은 마음이요 생각이기 때문이다. 그렇다면 말이나 글이나 매한가지며 자신의 마음과 생각을 표현하기 위한 최고의 원칙은 제대로 전달되어야 한다는 것이다.

그런 점에서 나는 문장을 쓸 때 절대 꾸밀 필요가 없다고 강력하게 주장하고 싶다. 마음 같아서는 모든 작가에게 일단 다 쓸 때까지는 퇴고하지 말라고 말하고 싶지만, 그러면 몰매를 맞을 것이 분명하므로 절대 강요는 하지 않겠다.

다만 기억하라. 프랑스의 소설가이자 실존주의 철학자인 장 폴 사르트르는 분명하게 다음과 같이 말했다는 것을 말이다.

> 문장은 꾸밀 필요가 없다. 문학을 경계할 것, 펜 가는 대로 써야 한다.
> _ **사르트르**, 《구토》

동양의 현자 공자도 같은 뜻을 언급했다. 이처럼 동양과 서양의 고전들을 보면 기교나 꾸미기에 대해 경계하는 의미심장한 말들이 적지 않다는 것을 쉽게 발견할 수 있다. 그중 하나가 이것이다. 홍자성의 《채근

담》을 보면 이런 말이 나온다.

문이졸진文以拙進, 글은 졸함으로써 나아간다.　_ **홍자성**, 《**채근담**》, 〈**후집**〉 93

한마디로 문장은 기교를 자랑하는 사람들보다 서툴지만 꾸미지 않고 계속 쓰는 사람들이 더 크게 실력이 는다는 말이다. 문장을 꾸며서 사람들의 눈과 귀를 즐겁게 하고 매혹하는 데 힘쓰는 것을 직접적으로 경계하라고 말하는 책도 있다.

오늘날 글 쓰는 사람들은 오로지 문장 구절에만 힘을 써서 사람의 귀와 눈을 즐겁게만 한다. 사람을 즐겁게 하니 배우가 아니고 무엇이겠는가.　_ **주희**, 《**근사록**》, 〈**위학류**〉

너무 꾸미면 알맹이보다 포장이 더 화려해지고 배보다 배꼽이 더 커진다. 너무 꾸미면 모호해져서 전달이 어렵다. 그래서 나는 간결하게 쓰는 것이 제일 좋은 방법이라고 입이 닳도록 말해왔다.

많이 생각해야 간결하게 표현할 수 있고, 간결할수록 분명하고 명료해지기 때문이다. 이런 사실에 대해 노벨문학상 수상작가인 알베르 카뮈는 이렇게 덧붙였다.

분명하게 글을 쓰는 사람에게는 독자가 모이지만 모호하게 글을 쓰는 사람에게는 비평가만 몰려들 뿐이다.

명심하라. 글은 전달만 하면 된다. 더 이상은 욕심이다.

문장의 제1요건은 명료함이다. _ 아리스토텔레스, 《에우데모스 윤리학》

아리스토텔레스는 군더더기 없이 명료하게 문장의 제1요건은 명료함이라고 밝혔다. 멋진 말이다. 아름답기까지 하다. 명료한 것이 아름다운 것이기 때문이다.

말로 할 수 있는 것은 명료하게 말하고, 말로 할 수 없는 것은 침묵해야 한다. _ 비트겐슈타인, 《논리, 철학 논고》

글을 쓴다는 것은 어쨌든 말로 할 수 있기 때문에 쓰는 것이다. 그렇다면 글을 쓰는 이들에게 요구되는 단 한 가지 조건은 그 글이 명료해야 한다는 것이 아닐까? 인용한 비트겐슈타인의 말처럼 말이다.

기교를 부리되 기교를 감출 수 있는 사람들, 즉 꾸밈이나 고심의 흔적이 없는 작품을 쓸 수 있는 사람들이 고수다. 칸트도 《판단력 비판》이란 책에서 이 사실을 명쾌하게 말한 적이 있다.

미적 예술에서는 일체의 꾸밈과 고심의 흔적이 없어야 한다.

프랑스의 격언에도 이런 말이 있다. "기교를 부리되 기교가 보이지 않아야 한다." 조선 시대의 걸출한 문장가 연암 박지원이 만년에 쓴 〈공작관문고자서孔雀館文稿自序〉를 보면 글에 대한 그의 탁견을 볼 수 있다.

글이란 뜻을 나타내면 그만일 뿐이다. 제목을 놓고 붓을 잡은 다음 갑자기 옛말을 생각하고 억지로 고전의 사연을 찾으며 뜻을 근엄하게 꾸미고 글자마다 장중하게 만듦은, 마치 화가를 불러서 초상을 그릴 적에 용모를 고치고 나서는 것 같다.

여기서 나온 첫 문장이 '문이사의文以寫意'다. 즉 '글이란 뜻을 나타내면 그만이다'라는 그의 명확한 문장에 대한 철학을 알 수 있다.

글쓰기 제2원칙 : 간결하게!
무엇을 쓰든 짧게 써라!

간결한 문장은 아름답다. _유협

재주 없는 사람이 다 말해버린다. _퀸틸리아누스

간결은 지혜의 정수다. _셰익스피어

짧게 써라. 그래야 읽힌다. _조지프 퓰리처

간결한 문체는 훌륭한 글쓰기의 첫걸음이다. _쇼펜하우어

짧은 문장을 쓰라. _ 헤밍웨이의 문장 원칙

미국 공화당의 미디어 전략가이자 미국 최고의 여론 전문가로 평가받고 있고 또한 연설 전문가이기도 한 프랭크 런츠는 단숨에 꽂히는 언어의 기술을 잘 알고 있는 사람이다. 그는 자신의 저서를 통해 먹히는 말, 상대의 가슴에 꽂히는 말에는 다 그만한 이유가 있음을 강조했다. 그가 주장하는 먹히는 말의 이유는 별것이 아니다. 그가 제안하는 말의 규칙 중에서도 가장 중요한 것은 상대방을 한마디로 제압하라는 것, 즉 간결성이다.

> 최대한 간결하게 표현하라. 단어만으로 충분하다면 굳이 문장을 쓰지 말고, 세 단어로 할 수 있는 말을 네 단어로 늘여 쓰지 마라. "사람의 다리 길이가 어느 정도면 적당하냐"는 질문을 받았을 때 에이브러햄 링컨은 "땅에 닿을 만큼"이라고 대답했다.
>
> _ 프랭크 런츠, 《먹히는 말》, 27쪽

간결한 문장을 사용하면 긴 문장을 사용할 때 할 수 있는 실수를 사전에 예방할 수 있다. 긴 문장을 읽고 독자들이 이해하기 위해 기울여야 하는 시간과 노력을 절약해줄 수 있다. 심지어 긴 문장은 모호해지고, 작가의 의도가 쉽게 빗나갈 수 있다.

짧은 문장을 사용하면 힘이 느껴지고, 분명해지고, 심지어 아름답기까지 하다.

간결한 문장은 아름답다.

_ 유협, 《문심조룡》, 〈명잠〉(중국 최초의 문학 비평 이론서, 문학 창작 지침서)

생각이 깊은 사람일수록 말이 간결하다. 그 주제나 내용을 잘 모르는 사람일수록 그것을 설명하기 위해 많은 말을 해야 한다. 자신도 제대로 모르기 때문이다. 그런 점에서도 간결하게 말하는 사람들은 지혜로운 사람들이다.

재주 없는 사람이 다 말해버리고, 재주 있는 사람은 말을 고르고 아낀다.

_ 퀸틸리아누스, 《변론가의 교육》

여기에 퓰리처상을 만든 조지프 퓰리처의 조언을 추가하겠다. 더 추가했다가는 독자들이 충격을 받을 것 같아서다.

무엇을 쓰든 짧게 써라. 그러면 읽힐 것이다. 무엇을 쓰든 명료하게 써라. 그러면 이해될 것이다. 무엇을 쓰든 그림 같이 써라. 그러면 기억 속에 머물 것이다.

그래서 나는 '욕교반졸欲巧反拙'이라는 말을 좋아한다. 잘하려고 너무 기교를 부리다가 도리어 졸렬한 결과를 얻게 된다는 뜻이다. 단순한 것이 최고라는 말은 여기에도 그대로 적용된다. 그러니 명심하라. 'Simple is the best'다.

니체도 "말은 짧게, 의미는 깊게"라고 말했다. 쇼펜하우어의 저서를 보면 그가 간결한 문체에 대해 한 술 더 뜨고 있다는 사실을 쉽게 알 수 있다.

> 글은 누구나 쉽게 이해할 수 있어야 하며, 간결한 문체와 적절한 표현은 훌륭한 글쓰기의 첫걸음이다. 그러나 장황하게 단어들만 나열하는 글은 읽는 사람의 눈을 어지럽게 할뿐더러 특히 남의 글을 표절하는 행위는 일종의 강탈이며 범죄행위다. 그러므로 글쓴이의 고유한 문장은 소박한 정신과 순수한 신념으로 구축되는 건축물과 같다.
>
> _ 쇼펜하우어, 《문장론》

나는 최고의 문장에 대해서 이렇게 말하고 싶다. "간결한 문장, 짧은 문장이 최고의 문장이다." 말이 많은 사람들은 절대 고수가 될 수 없다. 글도 마찬가지다. 긴 문장은 절대 좋은 글이 될 수 없다. 그러므로 쓸데없이 사족을 달지 말자. 쇼펜하우어도 말하지 않는가? "쓸데없는 사족은 문체와 문장의 명료함을 흐리게 한다." 셰익스피어도 《햄릿》에서 이렇게 말했다.

간결은 지혜의 정수다.

당신이 왜 글을 간결하게 써야만 하는지 이제 알 것이다. 그러므로 제발 간결하게 쓰도록 하자. 당신이 글을 간결하게 쓸수록 당신의 글을 좋아하는 사람들의 수가 기하급수적으로 늘어날 것이다. 이 사실을 반드시 명심하자.

재주 없는 사람이 말이 많다. 재주 있는 사람은 말을 아낀다. 간결하다는 것은 문장의 절제이며 언어의 경제다. 최소한의 표현으로 최대의 효과를 거두는 사람이 고수다.

세계적 문호 헤밍웨이도 짧은 문장을 최고의 문장 원칙으로 삼고 이를 평생 동안 지킨 작가다. 그가 평생 글 쓰는 원칙으로 삼은 것은 '짧은 문장을 쓰라. 짧은 단락을 쓰라. 확정적으로 쓰라. 박력 있는 글을 쓰라'였다.

글쓰기를 생애 최초로 본격적으로 시작해보려고 하는 사람들은 반드시 간결하게 글을 써야 한다는 제2원칙을 명심하도록 하자.

잘 읽히는 글을 쓰는 비결에 대해서

베스트셀러는 한마디로 많은 이들에게 잘 읽히는 책이다. 어떤 책이 베스트셀러가 되었다는 사실은 여러 가지 의미를 담고 있다. 어떤 책은 이슈가 되었기 때문에 날개 돋친 듯이 팔려나간다. 또 어떤 책은 그 책을 쓴 사람의 유명세 때문에 저절로 많이 팔리기도 한다. 하지만 이런 경우는 많지 않다. 대부분의 베스트셀러는 한 마디로 잘 읽히는 책들이다.

잘 읽히는 책들, 즉 잘 읽히는 글들은 어떤 글들일까? 좀 더 솔직해져 보자. 잘 읽히는 글을 쓰는 비결은 무엇일까? 베스트셀러 작가인 김난도 교수의 경우를 살펴보자. 그는 《아프니까 청춘이다》를 통해 베스트셀러 작가가 되었다. 물론 그전에도 많이 팔린 책들이 적지 않다. 하지만 이 책이 가장 많이 팔렸다. 그가 이렇게 잘 읽히는 글을 쓴 비결은 한마디로 수천 번 이상 고쳐 썼다는 것이다.

그는 초고를 써놓고 나서 가장 읽기 좋은 형태로 스스로 다듬고 고친다. 그러고 나서 가까운 지인들에게 나눠주고 피드백을 받는다. 그 피드백을 토대로 또 고친다. 그러고 나서 좀 더 다듬어진 글을 이번에는 500명에게 나눠주고 피드백을 받는다.

말이 500명이지, 500명에게 피드백을 받아서 그 피드백대로 다 고치면, 전부 다시 쓰는 것과 다름없다. 그 과정에서 출판사 편집자의 피드백도 포함시킨다. 그렇게 고치는 과정을 통과한 원고는 최소한 1000번 정도 고친 셈이라고 한다.

그래서 처음 원고와 출간된 책이 완전히 다르다고 한다. 본인도 놀라지만, 더 놀라운 사실은 고치는 과정이 결코 즐거운 과정이 아니라는 것이다. 그가 믿는 신념은 글은 고칠수록 좋아지고, 잘 읽히는 글이 된다는 것이다.

수많은 독자에게 사랑을 받고, 잘 읽히는 글을 쓰고 싶은 독자들이 있다면 이 방법을 사용해보기 바란다. 하지만 이런 방법이 자신의 적성과 맞지 않는 사람이 있다면 조금 다른 방법을 사용해보기 바란다.

수천 번 고치는 과정을 생략해도 될 만한 '잘 읽히는 글'을 처음부터 쓰는 것이다. 처음부터 완벽하게 잘 읽히는 글을 쓸 수 없을지도 모른다. 하지만 조금 더 근접한 글을 쓴다면 고치는 과정을 엄청나게 많이 생략할 수 있다는 것이 나의 지론이다.

처음부터 잘 읽히는 글을 쓰면 된다. 처음부터 잘 읽히는 글이란 무엇일까? 그것은 'ABC'한 글이다.

여기서 ABC란 누구든 한눈에 읽힐 만큼 affordable 매력적 attractive 이고, 거기에다가 간단하고 brief 심지어 명료 clear 하기까지 한 글을 의미한다.

A : Affordable, 한눈에 읽히는 매력적인 글 - 우아하게 쓰라.
B : Brief, 간단하고 간결한 문체의 글 - 간결하게 쓰라.
C : Clear, 메시지가 명료하고 분명한 글 - 분명하게 쓰라.

잘 읽히는 글이란 바로 '매력적이고, 간단하고, 명료한 글'이다. 다시 말해 이러한 글은 '쉽게 술술 읽히는 글'이다. 결국 누가 읽어도 쉽게 술술 읽히는 글이 잘 읽히는 글이 된다. 내 원고를 보는 편집자들이 이구

동성으로 하는 말이 있다.

"선생님 글의 가장 큰 특징은 술술 읽힌다는 것입니다."

이 얼마나 놀라운 말인가? 그 당시 나는 그 말이 욕인지 칭찬인지 알지 못했다. 물론 그 의미에 대해서 별로 깊게 생각하지도 않았다. 내가 집중해야 할 것은 다른 것이었기 때문이다.

내가 3년 동안 책만 읽을 때, 글쓰기에 대해 내 마음에 불을 지펴준 단 한 권의 책이 있었다. 바로 송숙희 대표의 책이다.

다시 말해, 나에게 글을 쓰도록 동기 부여를 해준 최고의 인물은 바로 이분이다. 물론 1만 권의 책이 축적되어 새로운 김병완이 탄생했지만 글쓰기에 대한 욕구를 자극해준 분은 송숙희 대표다.

그분의 책을 보면 이 ABC 방법에 대해 나오는 대목이 있다. 현재의 나를 만들어 준 고마운 분 중 한 분이기에 그분의 책 내용을 아낌없이 소개해 드리고 싶다.

쉬운 글은 쓰기 어렵다는 말이 있다. 돌려 말하면 쉽게 쓴 글은 읽기 어렵다. 쉽게 읽히는 글은 쓰기도 수월할 것 같은데 경험해보니 글을 쉽게 쓰는 것은 참으로 어렵다. 그런가 하면 온갖 폼을 잡고 전문용어를 현란하게 구사해 쓰는 글은 오히려 쓰기 쉽다. 독자를 위한 배려를 생각할 필요가 없기 때문이다.

내가 지향하는 글쓰기는 누가 읽더라도 '나도 이만큼은 쓰겠다' 싶은 생각이 들게 하는 쉽고 만만한 글이다. 잘 읽히는 글은 한마디로

ABC하다. 누구든 한눈에 읽힐 만큼affordable 매력적attractive이다. 간단하고brief 명료clear하기에 가능한 글이다.

ABC한 글은 그래서 다이아몬드처럼 빛나고 간결하고 우아하다.

세계적인 베스트셀러 저자 말콤 글러드웰도 ABC한 글쓰기의 지지자다. "좋은 글은 독자들을 끌어들이면서 뭔가 의미가 있는 아이디어를 제공하는 이야기여야 한다. 또 좋은 글은 분명해야 한다. 간단하고 우아하게 설명할 수 없으면 독자들을 잃고 만다."

― 송숙희, 《읽고 생각하고 쓰다》, 201쪽

자! 독자들이여 이제 잘 읽히는 글을 써보자. 어떻게? 우아하게, 간단하게, 명료하게 말이다. 당신의 글이 독자들의 눈에 한번에 꽂힐 만큼 우아하고 매력적인가를 살펴보라. 그리고 충분히 간결한 것인지를 관찰해보라. 그리고 마지막으로 당신의 글이 뜬구름을 잡는 것처럼 장황하고 모호하지 않은지 아니면 너무나 명확하고 분명한 글인지를 점검해보라.

명문장에 대해서: 문장의 세 가지 원칙

글을 쓰는 사람들에게 가장 큰 부담이 되는 것은 명문장에 대한 압박이다. 명문장을 쓰는 사람들을 부러워할 수 있다. 당연하다. 하지만 명문장의 덫에 걸리게 되면 그 순간 글을 쓰는 것 자체가 큰 스트레스가 될 수 있다.

그래서 명문장에 대한 부담감을 내려놓고 그저 쓰는 것이 좋다. 사실 일반 사람들은 대개 명문장이 무엇인지 그 정의조차 잘 모른다.

자신이 쓴 글이 명문장인지 아닌지조차도 헷갈리는 사람들이 적지 않다. 글을 쓰면서 밥을 먹고 사는 사람들도 그렇다면 독자들은 말할 것도 없을 것이다. 내 생각에 명문장은 아마도 이런 문장들이라고 생각한다.

왔노라, 보았노라, 이겼노라.　　　　　　　　　　**_율리우스 카이사르**

로마 공화정 시대 말기 유명한 장군인 율리우스 카이사르가 전쟁에서 승리하고 나서, 이 사실을 궁금해하는 로마 시민과 원로원을 위해 보낸 편지에 쓴 글이라고 한다. 이 문장과 함께 나에게 영원한 명문장으로 남아 있는 것이 셰익스피어의 《햄릿》에 나오는 바로 이 대사다.

죽느냐 사느냐 그것이 문제로다.

자! 그렇다면 명문장의 정의에 대해서 생각해보자. 명문장은 아름답고 예쁜 문장, 멋지고 화려한 문장, 기가 막힌 기교가 들어 있는 그런 문장이 아니다. 명문장은 또한 한때 기름이 난 문장도 아니다. 명문장은 영원히 썩지 않고 불멸하는 문장이다. 그렇지 않을까? 최소한 나는 그렇게 생각한다.

눈과 귀를 잠시 즐겁게 해주는 아름다운 문장은 눈앞에 있을 때 사람들을 즐겁게 해주는 미인과 같은 존재들이다. 하지만 명문장은 그 사람이 사라진 후에도 시대를 거쳐서 불멸하는 사람들처럼, 잊히지 않는 영웅, 위인들과 같은 존재들이다. 위에 두 문장처럼 말이다.

나는 문장은 하나의 생명체라고 생각한다. 그래서 어떤 문장은 쉽게 사라지지만, 어떤 문장은 3000년을 버티어내고 불멸한다. 갈수록 생명력이 더 커지는 문장도 있다. 《논어》와 《도덕경》 등에 나오는 말, 《사기》에 나오는 말들은 갈수록 생명력을 더해간다.

이러한 명문장들이 공통적으로 가진 요소는 무엇일까? 나는 그 공통적인 요소를 명문장의 기본적인 요건들이라고 생각한다. 그런데 그 기본적이면서도 명문장이 되기 위해 반드시 가지고 있어야 할 필수적인 조건이 수사학에서 말하는 기본 요건과 거의 일맥상통한다는 것을 발견하게 되었다.

내가 글쓰기 강의나 저자되기 프로젝트를 진행할 때 입이 아프도록 강조하는 것 중 하나가 '짧게 쓰라', '정확하게 쓰라', '분명하게 쓰라'다. 이것을 좀 더 간단하게, 그리고 분명하게 표현하여 문장의 3가지 원칙, 즉 3C 원칙이라고 부른다. 내용은 다음과 같다.

Clear_명료하게, 분명하게 쓰라.
Correct_정확하게, 올바르게 쓰라.
Concise_간결하게, 짧게 쓰라.

아리스토텔레스는 《수사학》에서 우수한 표현 방법으로 명료함과 적절함을 제시했다. 로마의 수사가 퀸틸리아누스는 《변론가의 교육》에서 명문장의 요소를 네 가지로 정의했다.

정확성, 명확성, 적절성은 나와 같지만, 한 가지가 더 추가되었다. 바로 우아함이다. 나는 앞에 세 가지는 동의하지만, 뒤에 한 가지는 동의하지 않는다. 독자들께서 스스로 판단해서 참조하기를 바란다.

고대 그리스의 델포이 신전에 새겨진 금언 중 하나를 보면, "가장 정확한 것이 가장 아름다운 것이다"라는 말이 있다. 나는 이 말이 참 좋다. 그래서 나의 글은 분명하다. 그리고 인용이 많다. 나에게 있어 인용은 나를 가르쳐준 수많은 책과 저자들을 존경한다는 의미다. 그리고 나의 배움의 근원이 무엇인지 하나하나 다 밝히는 것이다.

모호한 문장이 가장 나쁘다. 당신이 글을 쓰고자 한다면 제발 분명하게 쓰고, 정확하게 쓰고, 간결하게 쓰도록 하라. 그런 문장들이 명문장이기 때문이다.

영국의 작가 서머싯 몸의 《서밍 업 The Summing Up》이라는 책에 나오는 이 구절을 읽는다면, 간결하게 쉽게 분명하게 글을 쓰기 위해 노력하지 않을 수 없게 될 것이다.

나는 독자에게 자기가 쓴 글의 뜻을 이해하도록 노력해달라고 요구하는 작가를 도저히 이해하지 못한다. 참지 못할 분노를 느낀다.

한마디로 문장을 쉽고 분명하게 쓰라는 말이다. 그렇게 쓰지 않는다면 독자들은 말할 것도 없고, 다른 작가들까지도 분노의 화신이 되게 하는 것임을 명심하자.

문장력에 대해서: 끝까지 읽게 하는 힘

자! 그렇다면 문장력이란 무엇일까? 혹시 당신은 문장력에 대해서 나름대로의 정의를 가지고 있는가? 나는 문장력에 대해 다음과 같은 정의를 내리고 싶다.

문장력이란 끝까지 읽게 하는 힘이다.

이것이 어느 정도 간결한 정의라고 생각한다. 문장력이 있는 작가의 책을 읽으면, 가장 큰 특징이 끝까지 읽게 된다는 점이다. 하지만 반대로 문장력이 없는 작가의 책을 읽을 때면 끝까지 읽지 못하고 중도에 포기하고 만다.

물론 독자의 열정과 의지, 독서 수준과도 연관되어 있지만 문장력이 있는 책은 조금 더 오래 많이 읽어나갈 수 있다.

독자들은 이런 경험을 해봤을 것이다. 어떤 책은 끝까지 읽는 것이 매우 힘들어서 완전하게 끝까지 읽지 못하는 데 반해, 어떤 책은 손에서 책을 놓지 못하고 순식간에 끝까지 읽은 경험 말이다. 스토리나 내용이 기가 막히게 놀라운 것이었거나 아니면 내용은 별로 특별하지 않은데 이상하게 끝까지 읽게 되는 경우 중 하나였을 것이다.

문장력을 말할 때는 독자의 입장에서 살펴보아야 한다. 이것은 작가가 자신이 말하고자 하는 내용을 정확하게 전달하는 것보다 더 큰 의미가 있다. 독자의 수준이나 독서력에 상관없이 어떤 독자라도 엄청난 노력을 기울이지 않아도 끝까지 읽어내려갈 수 있게 해주는 문장을 구성하는 능력을 지닌 작가가 문장력이 훌륭한 작가다.

문장력에 대한 명확한 정의를 나는 《문장 기술》이라는 책을 통해 배웠다. 그 책의 저자는 중앙일보에서 오랫동안 '우리말 바루기'와 '글쓰기가 경쟁력'이라는 칼럼을 연재해왔던 배상복 기자다.

나에게는 스승이 많다. 수만 권의 책이 스승이고, 그 책들의 저자가 모두 스승이다. 이분도 나의 스승 중 한 분이다. 한 권의 책을 읽고 단 한 가지라도 이 세상 그 어떤 것에 대해 명확한 정의와 의식을 가질 수 있게 되었다면 큰 배움을 얻은 것이라고 나는 생각한다.

나는 이 책을 통해서 문장력에 대한 확고한 의식을 하나 배웠다. 나는 항상 한 권의 책을 읽었다면 한 문장으로 요약해야 한다고 주장해왔다. 이 책을 통해 나는 한 가지 분명한 사실을 배웠다.

문장이 꼭 아름답고 멋져야 할 필요가 없다는 것이다. 진짜 명문장은 아름다운 표현으로 독자의 귀와 눈을 사로잡는 문장이 아니라 자신의 생각을 분명하게 전달할 수 있고, 읽으면서 독자들이 재미를 느낄 수 있고, 정확하게 이해할 수 있는 문장이라는 사실이다.

여기에 한 가지 덤으로 얻은 것이 바로 문장력에 대한 명확한 정의였다. 나는 앞에서 한 문장으로 문장력이 무엇인가에 대해 정의를 내렸다. '문장력은 끝까지 읽게 하는 힘'이다. 그리고 그렇게 정의를 내릴 수 있도록 도와준 책이 바로 이 책이었다.

이 책에서는 문장력에 대해 조금 더 구체적으로 길게 표현했다. 하지만 멋진 정의고 표현이라고 생각한다. 궁금해하는 독자들을 위해 인용해보겠다.

> 문장력이란 자신이 하고자 하는 얘기를 명확하게 전달할 수 있고, 읽는 이가 어떤 사람이든 특별한 노력을 기울이지 않고도 끝까지 읽어 내려갈 수 있게끔 문장을 구성하는 능력을 말한다. 글을 잘 쓰느냐, 못 쓰느냐는 결국 문장력에 달려 있다. 글을 잘 쓰는 사람을 일컬어 '문장력이 있는 사람'이라고 하는 것은 이런 이유 때문이다.
>
> _ 배상복,《문장 기술》, 9쪽

이 책을 읽으면서 느낀 점은 정말 글을 분명하고 명확하게 잘 쓴다는 것이다. 명확했다. 술술 읽혔다. 너무 좋았다. 좋은 사람을 만났을 때 느낄 수 있는 그런 기분이었다.

그렇다면 문장력을 기르기 위해서는 어떻게 해야 할까? 답은 의외로 간단하다. 문제는 실천이기 때문이다. 문장력을 기르기 위해서는 좋은 글을 많이 읽고, 자주 써보는 것이다. 그렇다고 해서 무작정 읽고 많이 쓴다고 해서 지속적으로 글쓰기 실력이 향상된다는 말은 아니다.

신중하게 계획된 연습, 의도된 연습을 해야 한다. 바로 이 책에서 말하는 글쓰기의 원칙들과 잘 읽히는 글을 쓰는 비결, 문장의 세 가지 원칙, 훌륭한 작가가 갖추어야 할 세 가지 요건 등을 마음에 새기고, 그것을 최대한 준수하려고 노력하면서 글쓰기 연습을 하는 것이다.

글이 써지지 않을 때
글을 쓸 수 있는 방법

내가 개인적으로 진행하고 있는 프로젝트가 있다. 앞에서도 가끔 언급한 '저자되기 프로젝트'다. 자신의 이름으로 된 책을 한두 권 출간하고자 하는 것이 꿈인 사람들이 적지 않지만, 막상 실천하려고 하면 한계를 경험하게 되고 좌절하게 된다.

어떤 사람들은 여기저기 개설되어 있는 글쓰기 강좌에 신청해서 몇 시간 혹은 며칠 동안 수업을 받는다. 하지만 하나같이 수박 겉핥기식이라고 하면서 불만을 토로하며 정작 목표인 자신의 이름으로 된 책의 출간은 요원한 일이 되어버린다.

나는 언제부터인가 누구나 글을 쓸 수 있다는 생각을 갖게 되었다. 수많은 책이 나에게 그렇게 말해주고 있는 듯한 느낌이 들었다.

그래서 저자가 되고 싶고, 글을 쓰면서 사는 인생을 꿈꾸는 사람 중에 혼자 힘으로 하기에는 경험이 약간 부족한 사람들을 돕고 싶었다. 혼자 할 때 겪어야 하는 수많은 시행착오와 시간과 노력을 줄여주어, 평범한 사람들도 훌륭한 작가로 도약할 수 있도록 어깨에 날개를 달아주고 싶었다.

그래서 과감하게 '저자되기 프로젝트'를 시작하게 되었다. 물론 처음에는 나도 걱정을 많이 했다. 하지만 저자되기 프로젝트 1기를 시작하고 나서 몇 주 만에 모든 걱정과 근심은 사라졌다. 오히려 자신감과 긍지와 보람을 느끼게 되었다.

정말 충분히 훌륭한 작가가 될 수 있는 사람들이 알에서 깨어나기만 하면 하늘을 비상할 수 있는데, 그 방법을 찾지 못해서 평생 알 속에서 살아가고 있었기 때문이다. 그런데 그런 분들에게 몇 주 실질적인 도움과 노하우를 전수하면, 이내 곧 훌륭한 작가로 멋지게 도약하고 비상하는 것을 두 눈으로 직접 목격했기 때문이다.

나의 책은 적게 팔려도 되고 안 팔려도 된다. 하지만 프로젝트 과정을 통해 알에서 깨어나 하늘을 비상하는 분들의 책은 많이 팔려야 하고 많이 팔릴 것이다. 한 사람의 노력은 한계가 있다. 하지만 여러 사람이 모여서 한 사람의 성공을 위해 노력하면 멋진 작품과 성과를 기대할 수 있기 때문이다.

내가 나름 '은밀하게, 위대하게' 실시하고 있는 '저자되기 프로젝트'는 페이스북에서 '김병완 작가'를 검색하여 김병완 작가 페이지에 들어오면 노트에 공지되어 있다. 그런데 공지된 내용을 보면, 다른 글쓰기 강좌나 작가 수업이 수십 명을 대상으로 학교 수업식으로 진행되는 것과 달리, 열 명 이내의 인원만을 수업 대상으로 삼는다는 것을 알 수 있다.

그 이유는 글쓰기는 결코 학교 수업식으로 이론을 전수해주면서 가르쳐줄 수 있는 그런 지식과 관련된 행위가 아니기 때문이다. 글쓰기는 온몸과 마음, 의식과 정신, 즉 인간의 모든 영역과 관련되어 있고, 평생 글을 쓰면서 사는 사람이 되기 위해서는 습관과 의식에 관련된 글쓰기 노하우를 전해주어야 하기 때문이다. 그래서 지금까지 인원 제한의 원칙을 나름 지켜오고 있는 것이다.

이 프로젝트를 수강한 분들은 전국적으로 철저한 네트워크를 이루어 함께 공생하는 관계로 발전하고 있다. 이런 측면들이 나에게는 한없이 기쁘고 즐겁고 보람된 부분이다.

서울과 부산에서 매주 프로젝트를 진행하고 있는데, 1기분들 중 한 분이 4주차 수업을 받던 중에 매우 놀라운 경험담을 들려주었다.

자신은 매일 글을 쓰는 것이 정말로 힘들다는 것이다. 그리고 더 중요한 사실은 글을 쓴다고 해도 그 과정도 너무 힘이 든다고 했다. 그리고 더 나쁜 사실은 그렇게 힘들게 쓴 글들이 대부분 독자가 읽기 힘든 복잡한 글이 된다는 것이다.

그래서 그는 글이 절대로 써지지 않을 때, 나의 책 중 하나를 꺼내서 아무 생각 없이 3페이지 정도를 필사하듯 노트북에 타이핑했다고 한다. 그렇게 한 후에 멈추지 않고 바로 자신의 글을 이어 쓰기 시작했다는 것이다.

그런데 그것이 엄청나게 큰 효과를 냈다고 한다. 그에게 있어 이 타이핑 작업은 이제 글쓰기 전의 하나의 의식이 되어버렸다. 그래서 글이 써지지 않을 때든 아니든 상관없이 항상 기계적으로 그렇게 나의 책을 몇 페이지 타이핑한 다음에 바로 이어서 자신의 글을 쓰고 있다고 한다.

그리고 더 중요한 사실은 자신의 글은 매우 길고 복잡하고 이해하기가 힘들다는 약점이 있는데, 내 책을 먼저 몇 페이지 타이핑한 후 자신의 글을 이어서 쓰면 놀랍게도 술술 잘 써지고 읽을 때도 술술 잘 읽히는 글을 자신도 모르게 쓸 수 있게 되었다는 것이다. 실제로 그가 1주차 때 쓴 글과 4주차 때 쓴 글을 비교해보면, 정말 괄목상대할 정도로 큰 변화가 있었다.

명문장은 한마디로 명확하고 간결하며 술술 잘 읽히는 문장이다. 특히 지금처럼 실용적인 글쓰기가 강조되는 시대에는 더더욱 그렇다. 혹시 글이 잘 써지지 않을 때, 이 분의 방법을 한번 고려해보는 것도 좋을 것 같다(당연히 나의 책이 아니어도 관계없다. 쉽게 잘 써진 책이라면 뭐라도 관계없지 않겠는가).

훌륭한 작가가 되려면
3C를 기억하라

문장력을 갖추었다고 해서 바로 훌륭한 작가가 되는 것은 아니다. 자신의 문장력이나 필력만 믿고 자기가 하고 싶은 이야기만 주저리주저리 세상에 내뱉는 자는 심하게 말해서 작가로서 자격이 없다.

작가는 이 세상과 사람들로부터 무엇인가 주문을 받아, 그 주문받은 무엇을 만들어내는 사람이어야 한다. 그런 점에서 훌륭한 작가가 갖추어야 할 첫 번째 요건은 커스터마이저(customizer, 주문 제작자)가 되는 것이다.

연극에도 반드시 관객이 있어야 하듯, 작가는 반드시 독자를 생각해야 한다. 자신이 쓴 글을 아무도 좋아하지 않고, 아무도 읽지 않는다면 그 사람은 작가로서 살아나가기 힘든 상황에 맞닥뜨리게 될 것이 뻔하다.

작가라면 최소한 세상이 원하는 글, 독자들을 깨우치는 글, 독자들의 삶에 영향을 주는 글, 독자들에게 용기와 희망을 주는 글, 독자들을 이끄는 글, 독자들의 의식을 바꾸는 글을 쓰는 사람이어야 한다.

독자들과 아무 상관 없는 글을 쓰는 사람은 그런 점에서 작가가 아니다. 독자들과 아무 상관 없는 글의 가장 전형적인 경우가 바로 개인적인 일기일 것이다. 일기는 결국 자기 자신을 제외하고는 누구에게도 영향도 주지 않는다. 평생 일기를 썼다고 해서 그 사람을 작가라고 부르지는 않는다.

훌륭한 작가라면 독자들과 좋은 관계, 적절한 관계를 형성할 줄 알아야 한다. 훌륭한 작가들은 독자 자신도 모르는 욕구와 감성, 즉 독자들의 무언의 주문을 알아챌 수 있는 능력을 갖추어야 하고, 그 주문대로 제작해낼 수 있어야 한다.

훌륭한 작가가 갖추어야 할 두 번째 요건은 콘텐츠(contents, 할 말)다. 독자들에게 해줄 수 있는 자기만의 독특한 말, 즉 콘텐츠를 가지고 있어야 하고 끊임없이 만들어낼 줄 알아야 한다.

아무리 필력이 좋아도 아무리 독자와 좋은 관계를 형성할 줄 안다고 해도, 그 책에 내용이 없다면 결국 오래가지 못하고 독자들은 그 작가를 외면하게 될 것이다.

할 말이 많다는 것은 그저 말이 많다는 것과 전혀 다른 의미다. 할 말이 많다는 것은 그 분야, 그 주제에 대해서 남들보다 훨씬 더 깊고 넓은 경험과 지식과 정보와 기술을 가지고 있다는 것을 의미해야 한다.

그런 점에서 콘텐츠는 어마어마한 의미를 모두 포함하고 있다. 단순히 어떤 직장에서, 어떤 분야에서 수십 년 넘게 일을 해왔다고 해서 자신만의 콘텐츠를 가지고 있다고 말할 수 없는 이유가 바로 여기에 있다.

남과 다른 자기 자신만의 콘텐츠가 되기 위해서는 누구나 할 수 있는 일보다는 매우 특별한 일이어야 하고, 누구나 숙달할 수 있는 능력이나 지식이 아닌 희소성이 강한 능력이나 지식이어야 하고, 아무나 쉽게 다다를 수 없는 경지의 경험과 능력이어야 한다.

해외여행을 아무나 갈 수 없었던 시대에는 해외여행을 다녀온 것 자체만으로도 좋은 콘텐츠가 되었다. 하지만 지금은 누구나 쉽게 다녀올 수 있고, 경험이 없는 사람조차도 마음만 먹으면 쉽게 접근할 수 있기 때문에 해외여행 자체만으로는 좋은 콘텐츠라고 할 수 없다.

할 말이 있는 작가가 되기 위해서는 직접경험과 함께 간접경험도 중요하다. 직접경험은 시간과 공간의 한계가 있고, 한 사람이 경험할 수 있는 것이 제한적이다. 하지만 간접경험은 무한하다. 그리고 그러한 간접경험을 통하면, 글을 쓸 때 할 말이 무궁무진해진다.

그러므로 독서를 많이 한 사람이 당연히 유리한 고지를 선점하게 된다. 인정하고 싶지 않다고 해도 인정해야 한다. 내가 좋아하는 프리 라이팅의 대가이자 30여 년간 글쓰기를 가르쳐온 바버라 베이그는 훌륭한 작가에 대해서 이렇게 말한 적이 있다.

훌륭한 작가가 훌륭한 것은 단순히 우아한 문장을 교묘하게 다듬을 줄 알기 때문이 아니다. 그들이 훌륭한 것은 그들에게 할 말이 있고, 할 말을 바탕으로 독자와 적절한 관계를 형성할 줄 알기 때문이다.

그가 제시하는 훌륭한 작가의 조건은 콘텐츠와 독자와의 관계다. 이것은 위에서 얘기한 훌륭한 작가가 갖추어야 할 세 가지 요건 중 두 가지와 통한다.

독자들을 위한 주문 제작자가 되라고 해서, 그들의 필요만을 좇으라는 말이 아니다. 오히려 그들이 깨닫지 못하고 있는 것들을 먼저 깨우쳐

주고, 그들을 리드할 수 있어야 훌륭한 작가다. 그런 점에서 훌륭한 작가에게 요구되는 세 번째 요소는 크리에이티브(creative, 창조적인) 마인드다.

새로운 것을 끊임없이 창조해낼 수 있는 작가만이 독자를 리드할 수 있는 훌륭한 작가가 될 수 있다. 창조적인 마인드란 세상 사람들과 다른 시각을 가지는 것을 말한다. 그래야 새로운 것들을 끊임없이 만들어내고 발견하고 개척해나갈 수 있기 때문이다.

생각해보라. 누군가가 글을 썼는데, 그 내용이 전부 다 식상하고 진부한 내용이고, 이미 사람들이 다 알고 있는 지식과 정보라면 어떻게 될까? 훌륭한 작가의 책에는 반드시 다른 누군가가 아직 쓰지 않은, 그 어떤 책에서도 찾아볼 수 없는 창조적인 내용과 자기 자신만의 통찰이 담겨 있다.

피터 드러커의 책이 위대한 이유는 바로 여기에 있다. 그가 자신보다 더 똑똑한, 경영학적 지식으로 무장한 수천 명의 경영학자들을 제치고 현대 경영학의 창시자가 될 수 있었던 것도 그의 창조성과 통찰력 때문이다.

자, 기억하자. 훌륭한 작가는 자기만의 콘텐츠, 즉 가치 있고 주목할 만한 할 말이 있어야 하고, 독자의 삶과 의식에 영향을 충분히 끼칠 수 있을 만큼 독자와 좋은 관계를 유지해야 하며, 사회와 인류의 진행 방향을 바꾸어놓을 수 있을 만큼 창조적이고 남다른 통찰력을 갖추어야 한다.

그래서 훌륭한 작가는 문장력이 있는 것만으로는 절대로 될 수 없다. 문장력이 있다고 훌륭한 작가라고 생각하는 사람이 있다면, 한 번 더 작가에 대해 성찰해보기 바란다. 내 생각에는 필력만 있는 사람들은 꿈도 꿀 수 없는 그런 존재가 바로 훌륭한 작가다.

독창적인 작가란 누구도 모방하지 않는 작가가 아니라 아무도 모방할 수 없는 작가다.

프랑스 작가 샤토브리앙의 말이다. 훌륭한 작가란 한마디로 아무도 모방할 수 없는 작가다.

아무리 필력이 있어도, 피터 드러커를 모방할 수 없다. 피터 드러커의 경쟁력은 필력이 아니라 그가 가진 콘텐츠와 창조성과 통찰력이기 때문이다. 안타깝게도 우리에게는 이런 것들이 부족하다.

하지만 그렇다고 해서 좌절하라는 말이 아니다. 지금부터 시작하면 된다. 피터 드러커의 전성기는 60세부터 90세까지의 30년이었다. 당신에게는 아직 충분히 많은 시간이 남아 있다. 성급하게 굴지 말고 하나씩 하나씩 만들어나가면 된다.

문장의 신이 내려준
좋은 문장 5계명

좋은 문장 1계명 : 모든 것의 중복을 피하라

집필의 신까지는 아니지만 문장의 신이 되고 싶다면, 좋은 문장 5계명을 마음에 새기고 매일 연습하고 또 연습하라. 그렇게 되면 당신은 반드시 문장력 있는 사람이라고 소문이 날 것이다. 경쟁력 있는 작가가 되는 것은 당연하고, 어디에 가서도 글쓰기 코치를 하면서 먹고살 수 있을 것이다.

문장의 신이 되는 좋은 문장 5계명 중에 첫 번째 계명은 '한 문장에는 절대로 한 번 사용한 것을 두 번 이상 사용하지 말라'는 것이다. 간단하게 '모든 것의 중복을 피하라'이다. 여기에서 '모든 것'이라고 말하는 것은 단어는 물론이고, 구절이나 문장의 의미, 심지어 겹말도 다 포함된다.

초보자뿐만 아니라 중견 작가들도 쉽게 실수하는 부분이 이런 부분이다. 쉽게 말해서 이런 경우다.

예 절반으로 크게 줄었다.

이 말은 불필요한 말이 중복된 것이다 이미 '절반으로 줄었다'에 '많이 줄었다'는 의미가 담겨 있다. 그뿐만 아니라 '크게 줄었다'보다는 '많이 줄었다'가 더 적확한 표현이다. 단어 선택에 대해서는 네 번째 계명에서 살펴볼 것이다.

여기서 명심해야 할 것은 중복은 반드시 피하라는 것이다.

▷ 절반으로 줄었다.

자본주의 사회에 살게 되면서 인류에게 요구된 가장 큰 덕목은 '경제성'이다. 이제는 긴 문장은 독자들이 외면한다. 비경제적이기 때문이다. 분명하게 의사전달을 할 수 있음에도, 왜 '크게'라는 불필요하고, 게다가 적확하지도 않은 단어를 사용하려고 하는가? 그냥 과감하게 줄이는 게 낫다.

예 새로운 신년을 맞아 좋은 일만 가득하시기 바랍니다.

이것도 중복이다.

▷ 새해에 좋은 일만 가득하시기 바랍니다.
예 독서는 반드시 필요한 것이다.
▷ 독서는 필요한 것이다.
▷ 독서는 필요하다.

가장 좋은 문장은 마지막 것이다.

예 과거와 현재가 함께 공존하는 시대를 살고 있다.
▷ 과거와 현재가 공존하는 시대를 살고 있다.
▷ 과거와 현재가 함께하는 시대를 살고 있다.

의미도 중복을 피해야 하지만, 한 문장에 같은 단어가 여러 번 나오면 비효율적이 된다. 한마디로 지루해진다.

예 어떤 경우에는 큰 손실을 입게 되는 경우가 있으며, 이 경우 주식을 평생 하지 않게 되는 경우가 있다.

이 말을 이렇게 바꾸는 것이 더 좋은 문장이다.

▷ 어떤 경우에는 큰 손실을 입게 될 수도 있으며, 이때는 주식을 평생 하지 않게 된다.

또 다른 예를 들어보자.

예 독서 교육이 사교육비를 획기적으로 줄일 수 있는 계기가 될 수 있을 것으로 생각되어진다.

▷ 독서 교육이 사교육비를 줄일 수 있는 계기가 될 것이라고 생각된다.
▷ 독서 교육이 사교육비를 줄일 수 있는 계기가 될 것이라고 생각한다.
▷ 독서 교육이 사교육비를 줄일 것이라고 생각한다.

최고의 문장은 제일 마지막 문장이 아닐까? 나는 최소한 그렇게 생각한다. 군더더기가 없는 간결하고 명확한 문장이기 때문이다.
또 다른 예는 의미를 반복해서 사용하지 말라는 것이다.

예 시험에 대한 중압감으로 너무 많은 신경을 쓰고, 지나치게 고민하는 것은 건강을 해칠 수가 있다.
▷ 시험에 대한 중압감으로 고민하면 건강에 해롭다.

또 다른 예를 보자.

예 1학년 학생들의 국어 과목의 성취도 증가율은 겨우 2.4퍼센트에 불과했다.
▷ 1학년 학생들의 국어 과목의 성취도 증가율은 2.4퍼센트에 불과했다.
▷ 1학년 학생들의 국어 과목의 성취도 증가율은 겨우 2.4퍼센트였다.

자신도 모르게 의미를 반복하게 하는 말들이 겹말이다. 이러한 겹말들을 주의해야 할 필요가 있다.

예 소위 말하는 기러기 아빠라는 사람들은

여기서 소위所謂는 '이른바' '말하는 바'라는 뜻이다. 그러므로 이렇게 고쳐야 한다.

▷ 소위 기러기 아빠라는 사람들은
▷ 이른바 기러기 아빠라는 사람들은

예 매호마다 ▷ 호마다, 매호
예 해변가에 ▷ 해변에, 바닷가에
예 일저 강점기 아래서 ▷ 일제 강점기에, 일제 치하에
예 과반수 이상 ▷ 과반수, 반수 이상.
예 오린 숙원 ▷ 숙원
예 중대한 기로에 서 있다. ▷ 기로에 서 있다.
예 만 7~14세 사이에 ▷ 만 7~14세에

자, '낙엽이 떨어지는 가을'이라는 말은 어떨까? 사실 '낙엽'이라는 말에 이미 '떨어지는'의 의미가 포함되어 있다. 그래서 '낙엽이 지는 가

을'이라고 표현해야 좋은 문장이다. 이런 말들이 적지 않다.

> **예** 작품을 출품하다 ▷ 작품을 내다, 출품하다
> 돈을 송금하다 ▷ 송금하다, 돈을 보내다, 돈을 부치다
> 남은 여생 ▷ 여생
> 각 지역마다 ▷ 지역마다
> 지난해 연말 ▷ 지난해 말, 지난 연말
> 책을 읽는 독자 ▷ 책을 읽는 사람, 독자

다시 말해, '들리는 소문에'라고 쓴다면 당신은 아마추어다. 하지만 그냥 과감하게 '소문에' 혹은 '들리는 말에'라고 쓰는 것이 훨씬 더 좋은 표현이다. 당신의 문장력은 한 구절로 판가름난다는 사실을 명심하라. '이런 견지에서 본다면'이라고 쓰지 말고, 그냥 '이런 견지에서'라고 쓰자. '생명이 위독하다'가 아니라 '위독하다'이다. 그리고 '전기가 누전되다'가 아니고 그냥 '누전되다'이다.

좋은 문장 2계명 : 모든 것에 올바르게 반응하라

좋은 문장 5계명 중 두 번째 계명은 '모든 것에 올바르게 반응하라'이다. 즉 리액션이 매우 중요하다는 것을 말하고 싶다. 여기서 모든 것은 주어와 서술어, 목적어와 서술어, 그리고 문장의 논리적 흐름, 의미적 흐름을 말한다.

이 계명이 왜 중요할까? 올바르게 반응하지 않고 각자 따로 노는 문장은 어설픈 문장이며 전달력도 약해지고 힘이 분산된다. 그래서 힘이 있는 문장이 되지 못한다. 그리고 그것은 당신의 문장이 독자들로 하여금 끝까지 읽도록 집중하는 데 방해를 준다는 것을 의미한다. 보자. 무엇이 올바르게 반응한 문장이고 아닌지를 말이다.

예 어린이들이 가장 좋아하는 선물은 장난감을 받는 것이다.

이 문장은 리액션이 뭔가 어설프다 하지만 이렇게 바꾸어보자.

▷ 어린이들이 가장 좋아하는 선물은 장난감이다.

즉 주어와 서술어가 제대로 반응하게 하라는 것이다. 하지만 이것보다도 목적어와 서술어 간의 리액션이 잘못된 게 더 심한 경우다.

예 건강하게 살고 싶다면, 운동과 잠을 잘 자야 한다.
▷ 건강하게 살고 싶다면, 운동을 열심히 해야 하고, 잠을 잘 자야 한다.

예 교양을 높이기 위해서는 뉴스와 신문을 열심히 읽어야 한다.
▷ 교양을 높이기 위해서는 뉴스를 열심히 시청하고, 신문을 꼼꼼히 읽어야 한다.

주어와 서술어, 목적어와 서술어를 올바르게 반응하게 하는 것과 마찬가지로 논리적 흐름이 올바르게 이어지게 하는 것도 매우 중요하다.

예 첫째는 우등생이며, 둘째는 운동을 좋아한다.
▷ 첫째는 공부를 좋아하고, 둘째는 운동을 좋아한다.
▷ 첫째는 우등생이며, 둘째는 열등생이다.

예 작가가 되려는 이유는 성공하기 위해서라기보다 인생의 의미를 찾는 것이다.
▷ 작가가 되려는 이유는 성공하기 위해서라기보다 인생의 의미를 찾기 위해서다.

여기까지는 오히려 쉽다. 이제부터 어렵다.

예 이번 태풍에는 다행히 큰 피해를 입지 않았다.

자, 이 말을 좀 더 나은 반응의 문장으로 바꾸어보자. 여기서 주의해야 할 점은 피해被害라는 단어가 가진 의미다. '피해'는 '손해를 입는다'는 뜻이다. 즉 위 문장을 풀어서 쓰면, '손해를 입는 것을 입지 않았다'가 된다. 두 번 반복되는 말이 있다. 결국 첫 번째 계명, '모든 것의 중복을 피하라'에 어긋난다. 그래서 '피해를 보다', 혹은 '피해를 당하다'로 쓰는 게 낫다.

▷ 이번 태풍에는 다행히 큰 피해를 보지 않았다.
▷ 이번 태풍에는 다행히 큰 피해를 당하지 않았다.

이와 비슷한 단어가 '기지개'다. 기지개에 이미 몸을 펴는 동작이라는 의미가 포함되어 있다. 1계명을 어기지 않으려면 다른 말을 사용해야 한다. 그렇게 해서 찾아낸 것이 바로 '기지개를 켜다'이다. '기지개를 펴다'보다는 '기지개를 켜다'를 사용하자.

이와 비슷한 경우이지만 더 복잡하고 어려운 단어들이 있다. 대표적인 말이 혜택惠澤이다.

예 이번에 정부의 실천으로 많은 사람이 혜택을 입게 될 것이다.

이 말을 좀 더 올바른 반응을 하는 문장으로 바꾸면 무엇일까?

▷ 이번에 정부의 실천으로 많은 사람이 혜택을 보게 될 것이다.
▷ 이번에 정부의 실천으로 많은 사람이 혜택을 받게 될 것이다.
▷ 이번에 정부의 실천으로 많은 사람이 혜택을 누리게 될 것이다.

그 이유는 무엇일까? '혜택'이 '은혜와 덕택'을 의미하기 때문이다. '은

혜를 입다'는 되지만, '덕택을 입다'는 어울리지 않는다. 반면에 은혜와 덕택을 '보다' '받다' '누리다' 등은 모두 올바른 반응을 한다. 하지만 '혜택을 입다'라는 표현은 올바르지 않다.

여기에는 코드를 맞추라는 의미도 포함되어 있다. 단어마다 좀 더 잘 어울리는 코드가 있다.

'확률'은 '크다/작다'보다는 '높다/낮다'가 어울린다.

'가능성'은 '높다/낮다'보다 '크다/희박하다'가 더 낫다.

'옳지 못하다'보다는 '옳지 않다'가 더 좋은 반응이다.

왜 굳이 내가 '반응'이라는 어색한 표현을 사용할까? 나에게는 한 단어 한 단어가 살아서 꿈틀대는 생명체와 같은 것들이기 때문이다. 마치 인기 애니메이션 〈라바〉의 주인공들처럼 단어들 또한 살아서 움직이고 실제로 반응하기 때문이다.

'글쓰기 교재의 고전'이라고 평가받는 이태준의 《문장 강화》라는 책을 보면, 인간의 언어는 우리가 매일 사용하는 비누 같은, 즉 잡화와 같은 것이기 때문에 인간의 생활에 필요한 대로 생기기도 하고, 변하기도 하고, 때로는 사라지기도 한다고 말하는 대목을 접할 수 있다. 어디 말뿐이겠는가? 글도 같은 성격을 가지고 있다. 글은 살아 움직이는 것이다.

좋은 문장 3계명 : 모든 문장을 능동형으로 쓰라

좋은 문장 5계명 중 3계명은 '모든 문장을 능동형으로 쓰라'는 것이다. 여기에 더 이상 어떤 설명이 필요할까? 능동형으로 쓰는 것이 왜 더 좋을까? 훌륭한 작가라면 자기가 하고 싶은 말만 하면 그만이라고 생각하지 않을 것이다. 훌륭한 작가라면 반드시 독자의 입장에서 생각해 볼 것이다.

독자의 입장에서 책을 읽을 때, 수동형으로 된 문장들이 처음부터 끝까지 이어져 나온다면 엄청난 스트레스를 받게 된다는 사실을 알아야 한다. 아무것도 자신이 하지 못하고, 그저 무엇인가를 당하는 입장의 기분을 느껴본 적이 있는가?

당신이 독자를 조금 더 배려한다면 가급적 능동형으로 쓰라. 능동형으로 쓰면 문장에 힘이 생긴다. 문장에 생동감을 더한다. 문장에 활력을 불어넣는다. 바로 이러한 이유 때문에 능동형을 사용하라는 것이다.

다음과 같은 글들을 살펴보자. 실제로 일간지에 실린 글들이다. 이것을 좀 더 나은 문장으로 바꾸면, 즉 독자 중심의 글로 바꾼다면 능동형으로 쓰는 것이 더 좋다는 걸 알 수 있다.

㉠ 우리는 자연환경을 개선시켜야 한다.
▷ 우리는 자연환경을 개선해야 한다

㉠ 법 개정이 시급히 이뤄져야 한다는 시민의 견해가 있다.
▷ 법을 시급히 개정해야 한다는 시민의 견해가 있다.

㉠ '아시아 태평양 전쟁 희생자들을 간절히 생각하며 마음에 새기는

모임' 회원들이 15일 정오 파고다 공원 내 손병희 선생 동상 앞에서 추모집회를 갖고 있다.
▷ '아시아 태평양 전쟁 희생자들을 간절히 생각하며 마음에 새기는 모임' 회원들이 15일 정오 파고다 공원 내 손병희 선생 동상 앞에서 희생자들을 추모하고 있다.

예 시민이 연극 공연을 갖는다.
▷ 시민이 연극 공연을 한다.

예 한국의 독서 수준은 세계 최하위다. 그러므로 독서 운동이 적극 추진되어야 할 것으로 보인다.
▷ 한국의 독서 수준은 세계 최하위다. 그러므로 독서 운동을 적극 추진해야 한다.

어떤 문장이 더 생동감이 있는가? 어떤 문장에서 더 큰 힘을 느끼는가? 이런 문장이 한두 개가 아니라 수백 개라면 그 차이는 어떨까? 독자를 생각한다면 이러한 점을 꼭 생각해봐야 한다.

예 상습범에 대해서는 엄격한 법 집행이 이루어져야 한다.
▷ 상습범에 대해서는 법을 엄격하게 집행해야 한다.

㉠ 오늘부터 4년제 대학의 입학원서 접수가 이루어집니다.
▷ 오늘부터 4년제 대학이 입학원서를 접수합니다.

㉠ 한국 사회의 발전을 위해서 부패 척결이 빨리 이루어져야 한다.
▷ 한국 사회의 발전을 위해서 부패를 빨리 척결해야 한다.

㉠ 인간에 의해 초래된 환경오염으로 자연계에 돌연변이가 일어나고 있다.
▷ 인간이 초래한 환경오염으로 자연계에 돌연변이가 일어나고 있다.

㉠ 장애인이 아닌 사람들이 장애인주차구역에 버젓이 주차시키고 있다.
▷ 장애인이 아닌 사람들이 장애인주차구역에 버젓이 주차하고 있다.

㉠ 이런 일이 절대로 되풀이되어서는 안 될 것이다.
▷ 이런 일을 절대로 되풀이해서는 안 될 것이다.
▷ 이런 일을 절대로 되풀이하지 않을 것이다.

㉠ 대통령에게 권력이 주어지는 것은 맡겨진 책무를 잘 수행할 수 있게 하기 위해서다.

▷ 대통령에게 권력을 주는 것은 맡은 책무를 잘 수행할 수 있게 하기 위해서다.

자, 명심하자. 모든 문장의 수동형을 능동형으로 고쳐라. 절대적으로 수동형 문장을 피해서 도망가라. 아주 멀리 도망가도록 하라. 수동형은 문장의 품격을 떨어뜨리는 장본인이다.

본래 우리말은 수동형과 친하지 않다. 우리말은 세계 최고의 말이다. 수동형을 사용하지 않는 문장이 우리의 것이다.

문법적으로 따져보아도 수동형으로 쓰면 어색하고 부자연스러운 말들이 적지 않다. 그러므로 모든 말을 능동형으로 쓰고자 노력하면 훨씬 더 나은 문장이 된다. 무엇보다도 독자들을 배려하는 작가라면, 문장에 생명을 부여하고 싶다면 능동형을 좋아해야 한다.

따라서 '정밀한 조사가 이루어져야 한다'라고 쓰지 말고, '정밀하게 조사해야 한다'라고 쓰라. 특히 '꿈이 이루어졌다'라고 쓰지 말고, 대신에 '꿈을 이루었다'라고 쓰라.

'발상의 전환이 이루어져야 한다'보다는 '발상을 전환해야 한다'가 더 나은 문장이다.

'요구되는 것은 발상의 전환이다'보다는 '필요한 것은 발상을 전환하는 것이다' 혹은 '필요한 일은 발상 전환이다'가 더 나은 문장이다.

'스스로의 다짐과 스스로의 결단'보다는 '스스로 한 다짐과 결단'이 더 낫다.

이렇게 고친 표현들이 더 나은 이유를 문법적으로 따져보아도 충분히 알 수 있다. 신뢰할 수 있는 문법책을 찾아서 비교하고 분석해보면, 능동형으로 쓴 표현들이 거의 다 문법적으로도 더 올바른 표현이라는 사실을 알게 될 것이다. 그래서 나도 기절할 뻔했다.

쉬운 것이 올바른 것이라고 중국의 현자 노자가 말한 적이 있다. 나도 이 말에 무릎을 칠 수밖에 없었다. 그만큼 탁견이기 때문이다. 글을 쓴다는 것은 종교적으로 수행을 한다는 것이 아니다. 왜 굳이 좁고 어려운 길을 가려고 하는가? 쉬운 길을 가야 할 때도 있음을 명심하자.

좋은 문장 4계명 : 단어의 신이 되라

당신을 문장의 신으로 만들어주는 좋은 문장 5계명 중 4계명은 '단어의 신이 되라'는 것이다. 단어의 신이 된다는 것은 단어의 선택, 단어의 위치, 단어의 나열에 고수가 된다는 말이다.

당신이 사용한 단어가 그 문장에서 올바른 선택이었다고 볼 수 있는가? 그 문장에서 위치 선정은 제대로 되어 있는가? 같은 성격의 단어가 올바르게 나열되어 있는가? 그렇다면 당신은 단어의 신이라고 할 수 있다. 가장 먼저 적확한 단어를 선택하기 바란다.

예 학생들은 논문의 내용을 크게 수정했다.

'크게'는 다른 일반의 것과 비교해서 그 정도가 더한 상태를 말한다.

그러므로 '풍선이 크게 팽창했다' '크게 기뻐하다' '크게 공헌하다' '크게 말하다' '크게 이겼다' 등과 같이 사용해야 한다.

▷ 학생들은 논문의 내용을 대폭 수정했다.

이와 비슷한 경우가 '크게 인상될 조짐을 보이고 있다'가 아니라 '대폭 인상될 조짐을 보이고 있다'라고 사용해야 한다. '경찰의 수를 크게 늘려야 한다'가 아니라 '경찰의 수를 대폭 늘려야 한다'이다.

예 요즘 경제에 대한 관심이 크게 높아지고 있다.
▷ 요즘 경제에 대한 관심이 많이 높아지고 있다.

'많이'는 '일이나 상태의 정도가 일정 수준보다 더하게'라는 의미의 단어다. 그래서 '횡포가 많이 줄어들었다' '추위를 많이 타다' '머리를 많이 쓰다' '유럽 풍습이 많이 소개되다' 등과 같이 사용하자. 그렇게 하면 당신은 단어의 신이 될 수 있다.

예 가을이 되어 단풍으로 뒤덮인 산은 빛깔이 너무 곱습니다.

여기서는 단어의 선택이 잘못되었다. '너무'라는 단어는 알맞은 정도나 표준을 넘거나 거기 미치지 못했을 때 사용하는 단어다. 다시 말해

'일정한 정도나 한계에 지나치게'라는 의미를 가지고 있다. '키가 너무 크다' '키가 너무 작다' '물건이 너무 적다' '옷이 너무 크다' '말이 너무 많다' '너무 소심하다' 등과 같이 '지나치게'라는 뜻을 표현할 때 사용해야 한다.

▷ 가을이 되어 단풍으로 뒤덮인 산은 빛깔이 참 곱습니다.
▷ 가을이 되어 단풍으로 뒤덮인 산은 빛깔이 무척 곱습니다.
▷ 가을이 되어 단풍으로 뒤덮인 산은 빛깔이 매우 곱습니다.
▷ 가을이 되어 단풍으로 뒤덮인 산은 빛깔이 더할 수 없이 곱습니다.
▷ 가을이 되어 단풍으로 뒤덮인 산은 빛깔이 말할 수 없이 곱습니다.

예 이 방법은 생각과 달리 굉장히 간단합니다.

'굉장히'는 '규모가 매우 크게' 혹은 '보통 이상으로 아주 대단하게'라는 의미가 있다. 그래서 '굉장히 유명하다' '굉장히 넓다' '굉장히 훌륭하다' '굉장히 많다' '굉장히 힘들다' '굉장히 무섭다' '굉장히 잘 조성되어 있다' 등과 같이 사용해야 한다.

▷ 이 방법은 생각과 달리 극히 간단합니다.
▷ 이 방법은 생각과 달리 아주 간단합니다.

부사뿐만 아니라 명사의 단어 선택도 중요하다.

㉠ 미래창조과학부의 정책 운영이 일관성이 없어 비난을 면치 못하고 있다.
▷ 미래창조과학부의 정책 운용이 일관성이 없어 비난을 면치 못하고 있다.

'운영'이란 단어와 '운용'이란 단어를 정확히 분별할 수 있어야 한다. 운영은 조직이나 사업체를 경영하는 것이고, 운용이란 무엇을 움직이게 하거나 부리는 것이다. 정책 운용이 더 좋은 선택이다. 인력 운용도 그렇고, 제도 운용도 그렇다.
이와 비슷한 말이 조종과 조정, 시험과 실험, 결제와 결재, 보존과 보전, 배상과 보상, 반증과 방증, 곤욕과 곤혹 등이다. 그다음에는 단어의 위치 선정을 잘해야 한다.

㉠ 이 문제에 대한 냉정하고 정확한 대통령의 답변을 부탁드립니다.
▷ 이 문제에 대한 대통령의 냉정하고 정확한 답변을 부탁드립니다.

이 문장의 핵심 단어는 답변이다. 그리고 냉정하고 정확한 사람이란 의미가 이 문장에서 나오면 안 된다. 냉정하고 정확한 답변이란 의미가 나와야 한다.

⓹ 이러한 회사의 주장과 달리 쵀대 규모의 인원을 승진시켰으며, 특히 영업 부문을 대폭 강화했다.
▷ 회사의 이러한 주장과 달리 최대 규모의 인원을 승진시켰으며, 특히 영업 부문을 대폭 강화했다.

단어의 신이 되기 위해서는 단어의 나열까지 완벽해야 한다.

⓹ 이 책은 일본·중국·서울 등에서 인기를 끌고 있다.
▷ 이 책은 일본·중국·한국 등에서 인기를 끌고 있다.

⓹ 한국의 서울과 일본의 도쿄, 중국 등이 젓가락 문화를 가진 사람들이 많이 살고 있는 곳이다.
▷ 한국·일본·중국 등이 젓가락 문화를 가진 사람들이 많이 살고 있는 곳이다.
▷ 한국의 서울과 일본의 도쿄, 중국의 베이징 등이 젓가락 문화를 가진 사람들이 많이 살고 있는 곳이다.

마지막으로 띄어쓰기와 외래어 표기를 잘하면, 명실상부한 단어의 신이라고 할 수 있다. 이 책은 국어책이 아니다. 문법이나 맞춤법, 띄어쓰기, 외래어 표기는 국어책에 다 나온다. 사전을 찾아봐도 된다.
걷기를 잘 못하는 사람이 뛰기를 완벽하게 하려고 하는 것은 욕심이다. 이와 마찬가지로 문장의 신이 되고 싶다면 단어의 신이 먼저 될 필요가 있다. 단어가 잘 이어진 것이 바로 문장이기 때문이다. 그러므로 어휘력이 높은 사람들이 위대한 문호가 될 가능성이 크다.

좋은 문장 5계명 : 모든 문장을 짧게, 쉽게, 그리고 분명하게 쓰라

문장의 신이 되고 싶은 독자들이 있다면 이 말을 꼭 명심해주기 바란다. "길면 밟힌다." 특히 문장이 길면 당신이 당한다. 길면 틀린다. 길면 복잡해진다. 길면 이해하기 어렵다. 길면 독자들에게 스트레스를 줄 뿐이다. "문장을 길게 쓰는 것은 자살행위다." 내가 강조하는 말이다.

(예) 김태희를 미인이라 하지 않을 수 없다.
▷ 김태희는 미인이다.

(예) 이 프로젝트에 참여하는 과정을 통해 작가로 거듭날 수 있을 것이라고 여겨진다.
▷ 이 프로젝트에 참여하여 작가로 거듭날 것이다.

왜 짧게 써야만 할까?
당신이 독자로서 위의 예처럼 길게 늘어뜨린 문장들을 첫 페이지부터 마지막 페이지까지 읽어내려간다고 생각해보라. 독자 입장에서 시간과 노력과 에너지를 최대한 아끼는 문장은 어떤 문장일까?

길고 복잡하고 이해가 힘든 문장은 최악의 문장이다. 독자에게 스트레스를 주기 때문이고, 독자의 시간을 잡아먹기 때문이고, 독자들을 지치게 하기 때문이다. 독자들에게 줄 수 있는 최고의 선물은 짧고 분명하고 쉬운 문장이다.

⑩ 실력이 워낙 뛰어난 회사가 압도적으로 승리할 수밖에 없을 것이다.
▷ 실력이 뛰어난 회사가 승리할 수밖에 없다.
▷ 실력이 좋은 회사가 승리할 수밖에 없다.
▷ 실력이 있는 회사가 승리한다.

보라. 짧고 쉽고 분명한 문장의 힘을 느껴보라.

⑩ 불확실성이 지배하는 세상에서 당신이 마음 놓고 살아간다는 것은 매우 어려운 일이 분명하다.
▷ 불확실한 세상에서 당신은 마음 놓고 살아가기 어렵다.

명심하라. 짧게, 쉽게, 그리고 분명하게 쓰면 독자들이 모여든다. 당신이 베스트셀러 작가가 되는 것은 시간문제가 된다. 나를 믿지 못하겠다면 어쩔 수 없는 일이지만, 속는 셈 치고 한번 해보라.

짧고 쉽고 분명한 문장에는 그렇지 못한 문장들이 도저히 가질 수 없는 힘과 매력이 있다. 그런 매력을 거부할 수 있는 독자는 이 세상에 존재하지 않는다.

문법적으로 따져도 문제가 되는 표현들이 많다. 하지만 이런 표현들을 짧게, 쉽게, 그리고 분명하게 쓰면 쓸수록 문법적으로도 더 맞는 표현이 된다는 사실을 꼭 명심해야 한다.

《우리가 정말 알아야 할 우리말 바로 쓰기》란 책을 보면, 국어 교과서를 보는 듯하다. 숨이 막힌다. 하지만 그 내용은 정말 엄청나다는 것을 쉽게 알 수 있다. 웬만한 글쓰기 책을 수십 권 읽어야 배울 수 있는 내용이라는 점에서 그렇다.

우리말을 사랑하는 국민은 반드시 읽어야 할 책이다. 또한 국어 공부를 제대로 다시 하고 싶은 사람들이 있다면 추천해주고 싶은 책이다. 이 책을 보면 굉장히 깊이 있게 잘못된 표현들을 바로 잡았다. 물론 문법적인 설명도 자세히 해주고 있다(그런데 그 설명의 수준이 보통이 아니다. 아마 보통 사람들은 읽어도 쉽게 이해하지 못할 수 있다).

그런데 한 가지 놀라운 사실을 발견했다. 길게 풀어쓴 표현들이 대체적으로 문법적으로도 틀린 표현들이라는 것이다. 그 책에 나온 표현 중 몇 가지를 예로 들면 이렇다.

우리 민족은 오랫동안 수많은 외환에 시달려야 했다. ▷ 시달렸다.
피난을 해야 했다. ▷ 피난을 했다.
살던 집을 잃어야 했습니다. ▷ 잃었습니다.

긴 밤을 추위에 떨어야 했습니다. ▷ 떨었습니다. (284쪽)

중국의 입장에서 볼 때 ▷ 중국 쪽에서 볼 때 / 중국은
김영삼 대통령은 긴급 경제 명령 발동 요구를 거부하는 입장을 밝혔습니다. ▷ 거부했습니다.
방역 당국자는 일본 뇌염의 만연 가능성을 배제할 수 없다는 입장을 밝혔습니다. ▷ 없다고 말했습니다.
민주당은 조순 서울시장이 대통령 후보로 출마하겠다는 의사 발표를 환영한다는 입장을 밝혔습니다. ▷ 환영했습니다. (300쪽)

이제부터는 '요구하는 입장을 밝힐 생각인 것으로 알려졌다'라고 쓰지 말고, 대신에 '요구할 것으로 알려졌다'라고 쓰자. "연기한다고 입장을 번복했다." 이것을 그냥 이렇게 쓰자. "연기한다고 했다." 이때부터 당신의 문장은 명문장으로 거듭날 것이다.

당신에게 필요한 것은 다이어트다. 문장도 다이어트를 해야 건강미가 넘친다.

'축하를 드리겠습니다'보다는 '축하합니다'가 더 문법적으로도 올바른 문장일 뿐만 아니라 독자에게도 더 좋은 문장이다. 종이와 잉크는 물론이고 무엇보다 독자의 시간과 노력을 아껴야 한다.

명심하자. "단순한 것이 최고다!" 그러므로 짧게 쓰라. 그러면 문장의 신이 될 수 있다. 군더더기를 완전하게 빼버려라. 과감하게 말이다. 당신

이 간결하게 쉽게 그리고 분명하게 글을 쓸수록 당신의 글을 좋아하는 독자들이 많아질 것이다.

글을 쓰는 데
꼭 필요한 세 가지 규칙

글쓰기의 노하우와 관련하여 마지막으로 독자들에게 해주고 싶은 말이 있다. 글을 쓰는 데 꼭 필요한 세 가지 규칙이다.

첫 번째, 독자의 감성을 자극해야 한다. 책 쓰기와 글쓰기는 하늘과 땅만큼 다르다. 이것을 제대로 이해하는 사람은 많지 않다. 이것을 제대로 이해하는 사람에게는 책 쓰기가 그 어떤 것보다 더 쉽고 즐겁고 신나는 놀이가 될 수 있다.

글쓰기가 자기 자신의 만족을 위한 자아적 행위라면, 책 쓰기는 타인의 만족을 위한 타자적 행위라고 할 수 있다. 그래서 글쓰기의 독자는 자기 자신이지만, 책 쓰기는 타인이 독자다.

어린아이에게는 커피와 콜라가 다르지 않다. 분별력이 없기 때문이다. 책 쓰기를 한 번도 해보지 않았거나 혹은 많이 했다고 해도 책 쓰기의 원리와 본질을 제대로 깨닫지 못하고 책을 쓰는 사람은 책 쓰기와 글쓰기의 차이점을 제대로 통찰할 수 없다. 그래서 아무리 문장력이 좋은 사람이라고 해도 독자가 없는 것이다.

책 쓰기를 잘한다는 것은 문장 자체를 잘 쓴다는 것이 아니다. 책 쓰기를 잘한다는 것은 독자들을 잘 유혹하고 독자들에게 자신이 하고자 하는 말을 잘 전달해낼 수 있다는 것을 의미한다. 이렇듯 책 쓰기와 글쓰기는 쌀과 밥만큼이나 다르다. 이것을 이해할 수 있어야 책을 잘 쓸 수 있다. 책 쓰기는 독자 중심이고 글쓰기는 자기 중심이다.

두 번째, 독자를 기쁘게 해주고 만족시켜주어야 한다.

물론 감성을 자극하는 것과 독자를 기쁘고 만족하게 하는 것은 비슷할 수 있다. 하지만 감성을 자극하는 것과 독자를 기쁘게 하고, 무엇인가를 제공해서 만족시키는 것은 서로 다른 영역의 능력을 요구한다.

일반적으로 감성을 자극하는 능력은 문학 작가에게 더 필요하다. 독자를 기쁘게 하고, 무엇인가를 제공해 만족시키는 작가는 대개 실용서 작가에게 요구되는 능력이다.

이런 점에서 시대는 많이 바뀌었음을 우리는 자각해야 한다. 이전에는 책 하면 시나 소설 혹은 인문 영역의 책들을 떠올렸지만 이젠 그 영역의 책들만큼이나 실용서 독서 인구도 많이 늘어났다. 이는 작가들의 문제라기보다는 시대의 변화에 따라 독자 성향이 바뀌었다는 것을 의미한다.

이 시대 사람들은 감성의 충족만큼이나 자신에게 실제적인 이득이 있는 것을 추구한다. 서점을 둘러보면 재테크나 부동산 관련 도서들, 블로그 마케팅이나 창업 관련 도서들이 꽤 큰 시장을 이루고 있는데, 이는 1, 20년 전에는 거의 찾아보기 힘든 것들이었다. 이처럼 작가는 시대의 변화에 민감해야 한다. 작가들이 시대를 외면하고, 100년 전 생각과 스타일을 답습하려고만 한다는 것은 이른바 '자살 행위'와 같다.

나는 독자를 기쁘게 해줄 수 있고 무엇인가를 제공해 만족시킬 수 있다면, 그것이 어떤 분야의 책이든, 문장이 좋든 나쁘든 관계없이 좋은 책이라고 생각한다.

세 번째, 당신이 쓴 책을 소장하는 사람들이 그것만으로도 무엇인가를 획득하게 되었다는 느낌을 받을 수 있게 해야 한다. 즉 책이 감성을 자극하거나 기쁨과 만족을 주는 것으로는 충분하지 않다는 뜻이다.

이렇게 하기 위해서는 책에 작가의 독특한 철학과 의식과 사상이 담겨 있어야 한다. 그 작가의 독특한 철학과 의식과 사상에 매료되어 팬이 된 독자들만이 그 책을 기꺼이 소장하기 위해 지갑을 열기 때문이다.

책에는 한 사람의 인생이 고스란히 담겨 있어야 한다. 그래서 책을 구입하는 독자들이 절대 돈을 아까워하게 해서는 안 된다. 독자가 어떤 책을 구매할 때, 그 작가의 인생을 소장했다는 마음이 들어야 한다. 그래서 책은 작가 그 자체가 되어 작가의 삶을 고스란히 담아 내야 하는 것이다.

그렇다고 의도된 연출을 해서는 안 된다. 오직 적나라하게 작가 자신의 생각과 삶을 노출시켜야 한다. 그래서 작가는 용감해지지 않으면 안 된다. 그리고 그 누구보다도 더 솔직하고 당당해야 한다. 그것이 현대 작가에게 필요한 기질(혹은 능력) 중 하나다.

당신이 이 규칙을 지킬 수 있다면, 당신은 작가로 대성할 수 있다.

100퍼센트가 아니라 1000퍼센트 장담한다. 당신은 훌륭한 작가가 될 수 있다. 하지만 당신의 필력이 아무리 좋고, 당신의 상상력이 아무리 뛰어나다 해도, 이 규칙을 어긴다면 당신은 '한 권' 작가에 만족해야 할지도 모른다.

나는 어제도 과거라는 생각을 한다. 10년 전이나 100년 전이나 어제나 내게는 모두 과거다. 심지어 1초 전도 과거다. 그만큼 나는 지금 이 순간에 집중한다는 것이다. 1초 후도 생각하지 않는다. 1초 사이에 엄청난 일들이 벌어질 수 있기 때문이다. 그저 나는 지금 이 순간에 존재할 뿐이다.

그래서 소중한 현재를 지루하게 보내야 한다는 것은 큰 손실이자 낭비다. 그만큼 지루하다는 것은 큰 문제다. 그런데 글을 쓰는 사람들이 자신만 지루하면 될 것이지, 독자들의 소중한 시간을 지루함으로 낭비하게 하는 것은 바람직하지 않다.

책을 쓰는 작가들이 주의해야 할 첫 번째 규칙은 절대 독자들의 시간을 낭비해서는 안 된다는 것이다.

현대 독자들은 50년 전, 10년 전의 독자들보다 훨씬 더 바쁜 사람들이다. 그런 사람들에게 자신의 책을 읽게 함으로써 시간을 낭비하게 해서는 안 된다. 그래서 최대한 간결하고 숱고 명확하게 글을 써야 한다.

두 번째 규칙은 독자들을 절대 지루하게 만들지 말라는 것이다.

우리나라 인구가 5000만 명인데 영화는 1000만 명이 본다. 그 이유는 무엇일까? 영화는 절대 지루하지 않기 때문이다. 물론 지루한 영화도 있지만, 그런 영화는 대개 사람들에게 외면당한다. 책도 이와 다르지 않다. 지루한 책을 쓴다는 것은 독자에 대한 예의가 아니다. 독자들을 최대한 지루하지 않게 하기 위해서는 불필요한 군더더기를 없애야 한다. '단순한 것이 최고의 미학'이라는 말은 책 쓰기에도 그대로 적용된다. 절대 글을 복잡하고 난해하게 해서는 안 된다. 단순하게 써야 한다. 그래야 독자들이 지루해하지 않는다.

세 번째 규칙은 절대 독자들을 바보로 만들지 말라는 것이다.

텔레비전 앞에서 떠나지 않거나 컴퓨터 게임에 빠진 사람들은 왜 바보가 될까? 우리 뇌에서 가장 인간적인 사고를 할 수 있게 해주는 전전두엽이 그 어떤 활동도 하지 못하기 때문이다.

컴퓨터 게임이나 텔레비전 방송은 영상과 소리가 빠른 속도로 끊임없이 바뀌기 때문에, 시청자나 게이머의 뇌는 후두엽만 활동을 하게 되고, 전전두엽은 전혀 움직이지 않는다. 인간을 인간답게 만들어주는 최고의 사령탑인 전전두엽이 활동하지 않게 되면, 결국 갈수록 사고력은 저하되고 수동적인 사람이 될 수밖에 없다.

이와 반대로 책을 읽으면, 영상이나 소리가 없기 때문에 우리의 전전두엽은 많은 이미지를 만들어내기 위해 능동적으로 활동을 하게 된다. 그래서 독서를 많이 하게 되면 사고력이 향상되는 것이다.

그런데 작가들이 피동문이나 부정문을 자주 사용해서 독자들이 수동적인 사람이 되게 하는 것은 문제가 될 수 있다. 독자들로 하여금 스스로 능동적으로 생각하고 느낄 수 있게 문장을 써야 한다. '책이 책상 위에 있다'와 '책이 책상 위에 놓여 있다'의 차이를 제대로 이해할 수 있다면 그 사람은 어떤 책을 써도 독자들이 모여들 것이다.

그렇다면 독자를 지루하지 않게만 하면 되는 것일까? 아니다. 시대가 완전히 바뀌었다. 이제는 독자를 기쁘게 해주어야 한다. 독자의 마음을 사로잡아야 하고 만족감을 심어주어야 한다. 이 수준까지 올라와야 좋은 작가가 될 수 있다.

이제 작가 평준화 시대가 되었다. 더 이상 글을 잘 쓰는 사람이 특권을 누리는 시대가 아니다. 글을 잘 쓰지 못하면 손해를 보는 시대가 되었다. 글과 책이 지식과 정보의 전달에서 벗어나, 삶을 나누고 기쁨을 나누고 재미와 즐거움을 전달하고, 인생을 풍요롭게 해주는 수단으로 확장되어야 한다.

책이 더는 누군가의 교과서가 되어서는 안 된다. 그저 삶이면 된다. 작가의 삶, 작가의 감정, 작가의 경험이면 된다. 그것을 통해 독자들은 더 많은 것들을 배우게 된다. 그런 점에서 작가는 연출가가 되어서는 안 된다. 그저 솔직하게 자신의 삶을 숨김없이 드러낼 수 있는 배짱이 있으면 된다.

사람은 행복하게 살아야 한다. 타인에게 행복하게 살라는 글을 쓰면서, 정작 자신은 힘들고 고통스러운 일상을 살고 있고, 그런 글을 쓰면서 괴로워하고 스트레스를 받는다면 그 작가는 자기 자신을 기만하고 있을 뿐만 아니라 독자를 우롱하는 것이다.

글을 쓰는 사람이 기쁘고 즐거워야 읽는 사람도 기쁘고 즐겁다. 글을 쓰는 것이 그렇게 힘들고 죽을 맛이고, 글 쓰는 그 순간이 감옥에 갇혀 있는 것과 같다면 도대체 뭐하러 그렇게 글을 쓰고 또 쓰는가?

즐기면서 하는 사람이야말로 위대하다. 당신이 글을 쓰는 것을 즐긴다면 당신의 이름으로 출간된 책이 단 한 권도 없다 해도, 내게는 그 어떤 베스트셀러 작가보다 더 위대한 사람이다.

살아 숨 쉬는 글을 쓰는 한 가지 방법

미국의 어느 유명한 작가는 글쓰기에 대해서 "매번 지도 없이 떠나는 새로운 여행"이라고 표현한 적이 있다. 당신에게는 글쓰기가 어떤 것인가?

내게 글쓰기는 '나 자신을 세계에 열어놓는 유일한 행위'다. 읽기 수련의 기간은 나 자신을 발견해가고 세상을 알아갔던 시기였다. 3년 동안 변한 것은 나 자신이었다.

하지만 쓰기를 통해 나 자신이 세상에 나오게 되었고 그래서 세상과 연결되었다. 인생은 인간이 아니다. 인생은 시간과 공간이라는 토대 위에서 인간과 세계가 함께 만들어내는 작품이다. 그런 점에서 읽기만으로는 인생을 바꿀 수 없는 것이 당연하다. 쓰기를 통해 그 합작품을 다르게 만들 수 있다는 것도 당연하다. 쓰기는 세계와 관련된 것이고, 읽기는 개인과 관련된 것이기 때문이다.

주제는 같다. 읽기와 쓰기 모두 자기 자신, 인간, 세상이 주제다. 하지만 하나는 안을 향하고 있고, 다른 하나는 밖을 향하고 있다. 자신의 내면으로 향하는 것이 읽기다. 그리고 자신의 외면, 즉 세상으로 향하는 것이 쓰기다.

그런 점에서 글은 생명력이 필요하다. 살아 숨 쉬는 글을 쓰지 못하는 작가는 죽은 작가다. 살아 숨 쉬는 글을 쓸 때 그 글이 세상에 나와 생존할 수 있기 때문이다.

살아 숨 쉬는 글을 쓰는 사람들은 어떤 사람들일까? 어떻게 그들은 자신이 쓴 글이 죽지 않고 살아서 생명을 유지하게 하는 것일까? 나는 살아 숨 쉬는 글을 쓰는 데 필요한 한 가지 방법이 있다고 생각한다. 물론 또 다른 누군가는 또 다른 방법을 제시할 수도 있다. 당연히 그래야 한다. 내가 생각하는 살아 숨 쉬는 글을 쓰는 한 가지 방법은 '글 자체가 되어라'라는 것이다.

말할 때는 오로지 말 속으로 들어가라.
걸을 때는 걷는 그 자체가 되어라.
마치 죽을 때는 죽음이 되는 것처럼.

살아 숨 쉬는 글을 쓰는 방법이 바로 이것이다.

글을 쓸 때는 오로지 글 속으로 들어가라.
그래서
글, 그 자체가 되어라. _**김병완**

나는 살아 숨 쉬는 글을 쓰는 최고의 방법이 바로 이것이라고 생각한다.

한 번이라도 글을 쓰면서 글 자체가 되어본 적이 있는가? 나는 글을 쓰면서 자기 자신을 완전하게 잊어버린 적이 수도 없이 많다. 글을 쓰는 기계가 아니라 글이 바로 나 자신이었던 것이다.

내가 개인적으로 좋아하는 작가 중 한 명인 나탈리 골드버그는 글쓰기를 삼키라고 말한 적이 있다. 하지만 나는 글쓰기를 삼키는 것보다 더 나은 방법이 글 속으로 뛰어드는 것이라 생각한다.

그리고 글 속으로 뛰어드는 것보다 더 나은 방법이 글, 그 자체가 되는 것이라고 생각한다. 그래서 나탈리 골드버그의 책 제목인 '뼛속까지 내려가서 써라'라는 말을 한때 좋아했지만, 지금은 '쓰지 말고, 글 자체가 되어라'라는 내가 만든 말을 더 좋아한다.

"뼛속까지 내려가서 쓰지 말고, 글 자체가 되어라." 이것이 내가 제시하는 살아 숨 쉬는 글을 쓰는 방법이다.

예비 작가에게 꼭 해주고 싶은 말, 말, 말

2년 동안 50권의 책을 출간한 작가가 예비 작가에게 꼭 해주고 싶은 말이 있다. "독자의 입장에서 독자의 언어로 독자가 읽을 책을 쓰라"는 것이다.

저자되기 프로젝트를 할 때 반드시 하는 말이 이것이다. 책의 시작은 자기 자신이다. 하지만 책의 완성은 독자여야 한다. 그러므로 그 책의 완성도와 품위를 만들어주는 사람은 작가가 아니라 독자다.

독자의 입장이 되어서, 독자가 무엇을 고민하고 있는지, 어떤 말을 쓰고 있는지, 무엇을 가장 좋아하는지, 가장 원하는 것이 무엇인지를 반드시 알아야 하고, 그것을 책에 풀어놓아야 한다.

인간은 이기적이다. 그래서 자신의 이야기나 자신의 고민거리, 자신의 삶과 최소한의 연관도 없으면 절대 그 어떤 책도 읽지 않는다. 물론 몇 명을 제외하고는 말이다.

"책을 잘 쓰려 하지 말고, 읽힐 수밖에 없는 책을 쓰라"는 말도 꼭 해주고 싶다. 아무리 아름다운 문장과 좋은 콘셉트와 멋진 콘텐츠로 무장한 책을 썼다고 해도, 그것이 많은 독자에게 읽히느냐 하는 것은 별개의 문제다. 일을 열심히 하는 것과 잘하는 것이 전혀 다른 것이듯, 좋은 책을 쓴다는 것과 읽힐 수밖에 없는 책을 쓴다는 것은 전혀 다른 것이다. 물론 시류에 편승하는 글쓰기를 하라는 것이 아니다. 이왕 쓸 거라면 독자들이 거부할 수 없는 책을 쓰라는 것이다.

그러기 위해 세상과 시대를 잘 통찰해야 한다. 이 세상이 어떤 방향으로 흘러가고 있는지 통찰하면 어떤 책이 반드시 읽힐 수밖에 없는지를 알게 된다. 바로 그런 책을 쓰면 되는 것이다. 이것을 위해서는 다독, 다상량이 필요하다. 많이 읽고 많이 생각하는 것은 기본 중 기본이다. 그리고 이런 기본이 가장 중요하다.

"절대 책 쓰기와 삶을 분리하지 말라"는 말도 꼭 해주고 싶다. 책은 작가의 삶과 정신과 영혼을 반영하게 되어 있다. 그래서 베스트셀러 작가가 되어 부자가 되거나 명예욕을 채우기 위해서 책을 쓰는 작가는 책 속에 그런 것들이 보일 수밖에 없다.

순수하게 책 쓰기를 즐기고, 좋아하고, 책 쓰기를 통해 자신을 성장시키고 변화시키는 사람만이 꾸준히 자신을 더 나은 작가로 만들어나갈 수 있다. 그런 점에서 욕심을 비우라는 말을 해주고 싶다.

한두 번 실패하거나 한두 해가 그냥 지나가면, 안달하고 조급해하고 발작한다. 제발 욕심을 버리고 평상심을 유지할 수 있는 사람이 되자. 이렇게 안달하고 조급해하고 발작하는 사람들은 그릇이 작기 때문이다. 하지만 자신의 그릇이 작다고 한탄할 필요는 없다. 다독을 통해 자신의 그릇을 얼마든지 크게 키울 수 있다. 작가에게 다독이 필수인 이유가 바로 이것이다.

첫 문장을 쉽게,
제대로 쓰는 법

많은 사람이 글쓰기를 두려워한다. 그리고 글쓰기보다 더 두려워하는 것이 있다고 한다. 그것은 바로 '첫 문장 쓰기'다. 첫 문장 쓰기가 그 무엇보다도 힘들다고 말하는 사람들이 많다. 특히 저자되기 프로젝트에 참여한 사람 중에 평범한 직장을 다니시는 분들은 항상 이런 질문을 한다.

"첫 문장을 도저히 쓸 수가 없습니다. 도대체 어떻게 써야 하나요?"

이런 질문을 받을 때마다 나는 한 치의 두려움도 없이, 조금도 주저하지 않고 말한다.

"첫 문장의 두려움을 극복하기 위해서는 첫 문장을 무시해야 합니다."

첫 문장에 너무 큰 의미를 두려고 해서는 안 된다. 그저 막 쓰고 첫 문장을 무시해야 한다. 그렇게 자연스럽게 강물이 흐르듯 흘러내려야 1개월이나 2개월 동안에 책 한 권을 쓸 수 있다. 이러한 자연스러운 글쓰기가 아니라면 당신은 작가로 도약하기 힘들다.

책을 한 번도 써본 적이 없는, 책도 많이 읽어본 적이 없는 사람들이 저자되기 프로젝트를 통해 2개월 만에 한 권의 책을 쓸 수 있는 신들린 작가로 변하고 있다. 그 이유는 바로 의식 혁명에 있다. 책 쓰기에 대한 잘못된 두려움과 첫 문장에 대한 공포는 실제로 존재하는 것이 아니라 우리 마음속에 있는 허상일 뿐이다. 이러한 허상을 제거할 수 있다면, 당신은 지금 당장 책 한 권 쓰기에 도전할 수 있다.

우리가 이렇게 큰 공포심과 허상을 가지고 있는 이유는 위대한 작가들의 글이 정말 좋기 때문이다. 하지만 명심하라. 그 어떤 위대한 작가도 초고는 쓰레기였다.

《노인과 바다》로 유명한, 이 소설을 200번 정도 고쳐 썼다고 알려진 헤밍웨이는 이런 말을 했다.

모든 초고는 쓰레기다.

그리고 유명한 미국의 동화 작가 E. B 화이트는 이런 말을 했다.

위대한 글쓰기는 존재하지 않는다. 오직 위대한 고쳐 쓰기만 존재할 뿐이다.

글쓰기와 인생에 대한 가슴 따뜻한 조언이 가득 담긴 앤 라모트의 《글쓰기 수업》이란 책을 보면 이런 말도 나온다.

대부분의 명문들도 거의 다 형편없는 초고로부터 시작된다. 당신은 일단 무슨 문장이든지 써볼 필요가 있다. 내용은 뭐라도 상관없다. 시작이 반이라고 종이 위에 쓰기 시작하는 것이 중요하다.

자, 그렇다면 첫 문장을 아무리 형편없이 쓴다고 해도 걱정할 것 없다. 고쳐 쓸 때 가장 먼저, 가장 많이 볼 수 있는 부분이 첫 문장이고, 그러므로 가장 많이 다듬을 수 있다. 그러므로 아무렇게나 첫 문장을 쓰면 된다.

그런데 놀라운 사실이 하나 있다. 첫 문장의 공포가 없는 사람들, 즉 나처럼 첫 문장이든 전체 원고든 아무렇게나 막 쓰는 사람들의 글을 보면 대개 아주 자연스럽다. 엄청나게 많이 고민하면서 천천히 쓰는 글보다 훨씬 더 매끄럽고 몰입력이 강한 경우도 많다.

그래서 미국에서도 자신의 직관대로 자유롭게 글을 쓰는 프리 라이팅 기법이 유행한 것이다. 첫 문장을 쉽게 제대로 쓰는 유일한 방법은 아무 두려움 없이 거침없이 써내려가는 것이다. 그렇게 써내려가면 전체 글이 나오고, 전체 글이 나왔을 때 비로소 더 멋진 첫 문장을 추가하거나 수정하면 된다.

지나치게 잘하려고 욕심을 내면 실패에 대한 두려움에 사로잡히고 사로잡히는 순간 끝이다. 욕심내지 않는 사람, 두려움을 극복한 사람들은 책을 쓰고 또 쓰고 또 쓸 수 있다. 이것이 바로 글쓰기로 성공하는 가장 중요한 비법이다. 그렇게 쓰고 쓰고 또 쓰면 자신도 모르게 글쓰기에 대한 근력이 생긴다. 그래서 매일 글쓰기를 실천하는 사람이 결국에는 글재주는 가지고 있지만 노력하지 않는 사람들을 앞서게 된다.

나는 노련한 작가라면 이러한 기술들을 '안다'고 말했다. 하지만 여기서 한 가지 서둘러 지적하고 싶은 것은 그 수준이 높든 낮든 그런 지식을 타고나는 작가는 없다는 사실이다. 종이 위의 소통을 위해 필요한 기술은 기본적으로 학습된 기술이다. 여러분 외에도 많은 사람들이 글을 쓰려고 할 때 갈피를 잡지 못하고 우왕좌왕하는 가장 큰 이유는 이러한 기술을 학습할 기회를 전혀 갖지 못했기 때문이다.

_ 바버라 베이그,《하버드 글쓰기 강의》

제7장

책은 한 달 만에 쓸 수 있다

Revolution of Writing Yourself

한 달에 한 권의 책을 쓰는 다섯 가지 방법

나는 그동안 책에 미쳤을 때, 즉 책 쓰기에 미쳤을 때 5일 만에 책 한 권을 집필했다. 모든 사람이 나처럼 할 수는 없을지 모른다. 그런데 보통 사람들, 즉 저자되기 프로젝트에 참여한 사람들이 수업을 듣고 나서, 한 달 혹은 두 달 만에 쉽게 책 한 권을 쓸 수 있게 되는 것을 보고 매우 놀랐다.

결론은 나처럼 3년 동안 만 권의 책을 읽은 사람이 아니더라도, 한 달 정도면 한 권의 책을 충분히 쓸 수 있다는 것이다. 그렇다면 그 방법은 무엇일까? 간단하다.

한 달에 한 권의 책을 쓰는 법에 대해서 말씀해드리고자 한다. 아주 간단하다. 그것은 코끼리를 잡아먹는 방법보다 더 간단하고 쉽다. 이번 장의 결론이자 핵심인 '한 달에 한 권의 책을 써내는 다섯 가지 기술'은 이것들이다.

첫째, 원고를 나눠라. 산을 보지 말고 나무만 보라는 것이다.

일반적으로 책 한 권이 되기 위해서는 원고지 1000매 분량의 원고가 필요하다. 그것을 30일로 나누어라. 그러면 하루 분량이 나온다. 하루에 원고지 33매만 쓰라. 아무것도 생각지 말고 하루 분량만 채워라. 매일 그것만 하고, 전체를 절대 보지도 생각지도 마라. 그러면 한 달 후가 되면 저절로 한 권의 책이 탄생하게 된다. _김병완

둘째, 절반만 쓰라. 욕심 내지 말고 마음을 비우라는 것이다.

당신이 글을 많이 쓰지 못하는 이유는 아이러니하게도 너무 많은 글을 쓰고자 욕심을 부리기 때문이다. 너무 많은 글을 쓰려고 하지 말고 그저 즐긴다고 생각해보라. 즐길 때 창조적이 되고 더 잘 써지고 더 많이 쓸 수 있게 된다. 그런 점에서 자신의 마음을 무엇보다도 먼저 관리할 수 있어야 한다. _김병완

셋째, 편집과 인용의 신이 되어라.

당신이 누군가로부터 배웠다는 것을 숨기지 말고 부끄러워하지 마라.

당신이 읽은 모든 책은 당신의 스승이며, 그 작가들은 당신의 사부들이다. 나는 전혀 알려지지 않은 두명작가의 책이라 하더라도 배운 것이 있다면 그 사람을 스승이라고 생각한다. 그래서 만날 때마다 사부님이라고 말하는 것을 부끄러워하지 않는다. _김병완

다른 말로 하면, 그것을 배움과 성장의 토대로 삼으라는 것이다. 성장과 배움에 자신을 완전하게 개방할 줄 알아야 한다. 개방할 줄 안다는 것은 자신을 비우고 한없이 낮춘다는 것을 의미한다.

넷째, 잘 쓰려고 하지 말고, 형편없는 글이라도 무조건 쓰라.

형편없는 글을 매일 쓰는 사람이 질 좋은 글을 한 달에 한두 번 쓰는 사람보다 5년 후, 10년 후에는 훨씬 더 큰 성장을 할 수 있다. 양질전환의 원리를 기억하라. 대가들이 수준 높은 작품들을 펴낼 수 있었던 것은 그 이전에 수천 번의 실패작들을 만들었기 때문이다. _김병완

다섯째, 자신을 날마다 혁신시켜라. 새로워진 만큼, 성장한 만큼, 딱 그만큼의 책이 나온다.

수장선고水長船高라는 말을 기억하라. 물이 많으면 배는 저절로 높게 뜰 수 있다. 읽은 만큼, 새로워진 만큼, 혁신한 만큼 당신의 글 쓰는

실력은 향상될 것이다. 또한 쓰는 시간도 단축될 것이다. 읽지도 않고 쓰려고만 하는 것은 자기기만이다. 나는 먼저 읽기를 3년 동안 하고 나서 쓰기를 시작했다. 한 달에 한 권의 책을 쓰지 못하는 단 한 가지 이유는 읽지도 않고 쓰려고만 하기 때문이다. 세상에는 공짜가 없다. 준 만큼 받게 되고, 배운 만큼 가르치게 되고, 읽은 만큼 쓸 수 있게 된다.

_김병완

자, 그렇다면 하나씩 좀 더 깊고 넓게 살펴보고 따져보자.

원고를 나누면
원고가 탄생한다

한 달에 한 권의 책을 쓰는 첫 번째 방법은 '원고를 나누어야 원고가 된다'는 것이다. 한마디로 '원고를 쪼개라는 것'이다. 이렇게 원고를 나누어야 한 권의 원고가 쉽게 탄생할 수 있다.

이 말은 책 한 권의 원고량을 전체적으로 보지 말라는 것이다. 한 권의 책이 되기 위해서는 보통 원고지 800매에서 1000매 정도의 원고가 필요하다. 그런데 한 줄의 글을 쓰면서 800매 혹은 1000매의 원고를 써야 한다는 중압감에 빠져 있다면 글을 쓰는 작업이 매우 힘들고 어려워진다.

그러므로 내가 선택한 방법은 1000매를 30등분 하는 것이다. 원고량을 쪼개어 하루에 33매만 쓰면 한 달이면 한 권의 책이 탄생한다. 그런데 그것을 또 쪼개라는 것이다. 하루에 작업할 시간이 최소 5시간에서 최대 10시간은 되지 않는가? 만약에 당신이 전업 작가이거나 백수라면 하루에 10시간을 쓸 수 있다.

33매를 10시간으로 나누면, 한 시간에 3.3매만 쓰면 된다. 200자 원고지 3.3매는 훈민정음 워드로 한 페이지의 3분의 1이 약간 더 되는 분량이다. 그렇게 힘들고 어려운 분량이 아니다.

내 모토 중 하나가 '한 줄만 더 쓰자'이다. 그 한 줄이 열 줄이 되고, 한 페이지가 되고, 열 페이지가 되더라는 것이다. 바로 이것이다. 다른 측면에서 이야기해보자. 많은 사람이 나에게 질문을 하는 것 중 하나가 어떻게 하면 그렇게 빨리 그리고 많이 쓸 수 있느냐다.

글을 쓰기 시작해서 1년 10개월 동안 출간한 책만 40권이 넘었기 때문에 보통 글을 빨리 쓰는 작가들도 엄두를 내지 못하는 양과 속도였다. 대략 봐도 1년에 20권 정도, 즉 2년에 40권을 출간하는 속도와 양이다. 다산 정약용 선생이 18년 동안, 즉 40세부터 시작해서 58세 때까지 500여 권의 소중한 책을 쓴 것과 감히 비교해보면, 나는 아직도 멀었다. 다산 선생은 1년에 27권에서 28권을 쓴 셈이기 때문이다.

어쨌든 내가 이렇게 빨리, 많이 쓸 수 있었던 비결에 대해서 말하자면 한 가지밖에 없다.

그 비결은 '천 리 길도 한 걸음부터'다.

적지 않은 사람들이 천 리 길을 간다고 하면서, 한 걸음 한 걸음을 매우 하찮게 생각한다. 하지만 나는 천 리 길은 하찮아 보였고 오히려 한 걸음 한 걸음 내디디는 한 번의 발걸음이 대단해 보였다. 그래서 한 단어, 한 문장을 쓸 때 엄청난 희열을 느낀다. 바로 이러한 이유로, 결국 나는 집필광이 될 수밖에 없었다.

그런데 이 원리를 보면 매우 중요한 기본이 담겨 있다. 그것은 바로 '매일 한 걸음씩 내디디는 것을 결코 하찮게 생각하지 않았다'는 것이다. 즉 만고불변의 진리 중 하나인 '티끌 모아 태산'의 마음이었다.

나의 글쓰기 원칙 중 하나가 매일 훈민정음 워드로 5페이지를 쓰는 것이다. 이렇게 매일 5페이지를 쓰면, 한 달이면 150페이지를 쓸 수 있다. 훈민정음 워드 1페이지는 200자 원고지 7, 8매 정도 된다.

단행본 한 권이 되려면 보통 200자 원고지 800매에서 1000매 정도 필요하다. 그러므로 훈민정음 워드로 100페이지만 쓴다고 해도 약간 얇은 단행본 한 권이 되고, 150페이지를 쓴다면 두꺼운 단행본 한 권이 된다.

처음부터 원고지 1000매를 쓴다고 생각하면 엄두가 나지 않는다. 그래서 사람들은 책 쓰기를 두렵고 힘들고 어렵게 느낀다. 원고지 1000매를 30등분 해보라. 그러면 순식간에 원고지 1000매가 33매로 줄어든다. 바로 이것이다. 한 권의 책을 쓴다는 것은 원고지 33매를 쓰는 것이다. 그리고 그것을 매일 한 달 동안 하면 된다.

매일 원고를 나누어 쓰고, 그렇게 30일이 지나면 책 한 권이 이 세상에 탄생한다. 믿기 힘들겠지만 한 달에 책 한 권 쓰는 것은 어려운 일도, 아무나 할 수 없는 일도 아니다. 일본의 어떤 작가는 1년에 40권의 책을 출간한다. 다산 선생 역시 많을 때는 1년에 40권 정도를 집필했다.

자, 이제 당신이 해야 할 일은 당신의 책 쓰기 수준과 차원을 몰라보게 높이는 일이다. 과거에는 책 한 권을 쓴다고 생각하면, 보통 6개월 혹은 1년 정도의 기간을 생각했을 것이다. 하지만 이제는 수준과 차원을 높이자. 책 한 권을 한 달 만에 쓸 수 있다고 생각해보자.

내가 무명 중 무명의 '신분'으로 책을 쏟아내기 시작하자, 많은 사람들이 책은 읽지도 않은 채 무턱대고 비난하고 비판하고 욕을 했다. 왜일까? 이유는 딱 하나다. 내가 대학 교수도, 박사도 아니었기 때문이다.

만약 저명한 대학의 교수가 그렇게 책을 많이 쏟아냈다면 그렇게까지 비난하지는 않았을 것이다. 만약 세계적인 석학이 나처럼 1년에 1, 20권의 책을 출간했다면 오히려 우러러봤을지도 모를 일이다.

하지만 자기와 같거나 오히려 더 못한 어느 무직자가 그렇게 많은 책을 출간하게 되면 이야기는 달라진다. 인정보다 비난이 먼저 나오게 된다. 그 이유는 고정관념과 편견에 사로잡혀 있기 때문이다. 즉 자신의 좁은 식견 때문에 그렇게 비판을 하는 것이다. 상식이라는 이름의 자신만의 식견에는 책을 그렇게 빨리 쓰는 것은 있을 수 없는 일이기 때문이다. 그래서 무턱대고 욕부터 한다.

"그 작가의 책은 분명 형편없을 것이다." "그 작가 밑에는 대필 작가들이 수십 명 있을 것이다." "그 책들은 책도 아닐 것이다."

이러한 비난을 받았지만, 나의 책들 중 베스트셀러가 된 것들이 적지 않다. 그리고 국립중앙도서관에서 2012년, 2013년, 2014년 상반기까지 한 해 동안 가장 많이 읽힌 책 톱10에 나의 책들이 이름을 올렸다. 해외에 번역 출간되어 베스트셀러가 된 책도 있다.

세상은 넓고 고수는 많다. 내가 하루에 밥 열 끼를 못 먹는다고 해서 세상에 그렇게 할 수 있는 사람이 없는 게 아니다. 세상에는 별의별 능력의 소유자들이 많다. 그래서 우리는 식견을 넓혀야 한다.

어쨌든 책을 1년 동안 써야 한다는 법은 없다. 하루 만에 쓰면 안 된다는 법도 없다. 자신의 역량에 맞게 쓰면 된다.

이쯤에서 우리가 꼭 유념해야 할 것이 있다. 사실 우리는 우리의 잠재능력에 대해 과소평가하면서 살아왔다. 우리는 생각보다 훨씬 더 위대한 존재일지 모른다. 그러므로 당신도 한 달에 한 권의 책을 쓸 수 있는 사람인지도 모른다.

실제로 '저자되기 프로젝트'를 수강한 사람 중에 직장을 잘 다니면서도 한 달 만에 책 한 권을 다 쓴 사람이 나왔다. 그리고 보통 두 달 정도면 책 한 권을 쉽게 쓴다. 여기서 포인트는 직장을 다니면서도 이 정도 집필 속도를 보였다는 것이다. 이는 만약 그가 직장을 다니지 않고 매일 도서관에 가서 책만 쓴다면 한 달에 한 권이 아니라 두세 권도 충분히 써낼 수 있는 속도다.

나는 이것을 실제로 옆에서 목격한 사람이다.

자기 자신의 가능성을 너무 의심하지 말자. 이것이 내가 꼭 전해주고 싶은 진실이다.

절반은 언제나
전체보다 낫다

옛부터 전해오는 한자성어 중에 내가 좋아하는 말이 몇 개 있다. 나의 강의를 많이 들어본 사람들이라면 잘 알 것이다. '수장선고' '과유불급' '욕교반졸' 등이 대표적인 몇 개의 성어들이다.

이 중에서도 글 쓰는 사람들이 가져야 할 자세 중 하나가 '과유불급 過猶不及'이다. 알다시피 정도가 지나치는 것은 미치지 못한 것과 같다는 말이다. 이 말은 글을 쓰려고 하는 사람들, 즉 쓰기 수련을 하려고 하는 사람들에게도 그대로 적용된다.

다시 말해, 너무 많이 쓰려고 해서도 안 되고, 너무 욕심을 내서 잘 쓰려고 해서도 안 되고, 너무 빨리 쓰려고 해서도 안 된다는 말이다. 그것이 모두 지나침이기 때문이다. 그러므로 쓰기 수련을 하려고 하는 사람들은 '지나침'을 경계해야 한다.

쓰기와 관련하여 내가 얻은 절대 교훈 중 하나는 '절반은 언제나 전체보다 낫다'는 것이다. 놀랍게도 오래전에 이 말을 한 시인이 있었다. 그런데 더 놀라운 사실은 이 말을 오래전에 인용한 위대한 철학자도 있었다는 사실이다. 그것도 글쓰기와 관련하여 이 말을 인용했다는 사실을 알고서 솔직히 기절초풍할 뻔했다.

철학자 쇼펜하우어가 바로 그 철학자다. 그가 자신의 저서인《쇼펜하우어 문장론》에서 어떻게 그 시인의 말을 인용했는지, 어떻게 글쓰기와 연관 지어 설명했는지 살펴보자.

> 저술가는 독자의 시간과 노력, 그리고 무엇보다 인내력을 낭비시켜서는 안 된다. 이처럼 양심적인 태도로 글을 쓸 때만이 나름대로의 가치를 인정받게 되고, 독자의 신뢰도 얻게 될 것이다. 무의미한 문장을 더 써넣는 것보다 차라리 좋은 문장이라도 문맥상 거슬린다면 과감히 잘라내는 편이 훨씬 낫다. "절반은 전체보다 낫다"는 헤시오도스의 격언은 바로 이런 경우를 두고 한 말이다.
> ─ 아르투르 쇼펜하우어,《쇼펜하우어 문장론》, 120~121쪽

결론은 과욕을 부리지 말라는 것이다. 주저리주저리 자신을 제대로 표현하기 위해, 글을 잘 쓰기 위해, 이 말도 하고 저 말도 하지 말라는 것이다. 부족한 것이 지나친 것보다 언제나 더 낫다는 것을 명심하라.

시간이 정확히 1분밖에 남지 않았다고 생각하고, 자신이 정말 하고 싶은 말, 정말 해야 할 말만을 하는 작가가 되어야 한다. 그 이상은 모두 독자의 시간과 에너지를 훔치는 시간 도둑이 되기 십상이다.

왜 자꾸 독자의 아까운 시간과 노력을 훔치려고 하는가? 당신의 시간만 중요한가? 만일 당신의 독자가 단 한 명이 아니라 수천, 혹은 수만

명이라면 어떻게 하겠는가? 당신의 장황한 글로 인해 그들이 허비할 수천, 수만 시간을 어떻게 감당하려고 하는가? 그러므로 말을 아껴라, 그것이 당신이 독자를 아끼는 최고의 방법이다.

글쓰기는
야간 자동차 운전과 같다

미국에서 소설가들 사이에 이런 말이 유행한 적이 있다.

> 소설을 쓰는 것은 밤에 자동차를 운전하는 것과 같다. 당신은 차의 헤드라이트가 비춰주는 데까지만 볼 수 있을 뿐이다. 그런 식으로 목적지까지 갈 수 있다.

나는 이 말을 접하고 나서, "아~"하며 도통하는 소리를 내면서 무릎을 탁 쳤다. 너무나 기가 막힌 표현이었기 때문이다. 내가 말하고 싶은 것을 주저리주저리 장황하게 설명하는 것이 아니라, 야간 자동차 운전을 통해 너무나 명쾌하게 그 원리를 설명해줬기 때문이다. 이 말은 소설가보다는 오히려 논픽션 작가들에게 더 적용된다고 생각한다.

너무 많은 사람이 목적지만 생각하고 큰 숲만 보려고 하기에 숲 속에서 작은 오솔길을 지나가면서도 넘어지고 헤매게 되는 것이다.

다시 말해, 야간이든 주간이든 운전을 해서 목적지를 찾아갈 때, 운전하는 순간에는 절대로 목적지를 봐서는 안 되고 볼 수도 없다. 다만 운전하는 순간에는 눈앞에 펼쳐진 광경과 신호등만을 주시해야 한다. 그러면 운전자는 목적지를 볼 필요도 없고, 다만 5~10미터 앞만 보면 된다. 간혹 옆 차선과 뒤를 봐주면서 운전해나가면 된다. 그렇게 하다 보면 어느새 목적지에 도착한다.

글쓰기를 할 때도 이와 다르지 않다. 숲 속의 옹달샘을 찾아갈 때, 숲만 바라보면 안 된다. 작은 오솔길을 따라가야 한다. 이처럼 글을 쓸 때에도 지금 쓰고 있는 것에만 집중하여 앞글을 따라가듯 쓰면 된다.

차례를 구상하고 주제와 제목을 기획하면서, 이미 목적지와 그 목적지에 도달할 수 있는 지도는 다 만들어놓았음을 기억하라. 집필하는 순간에는 야간에 자동차 운전을 하듯, 헤드라이트가 비춰주는 데까지만 보면서 계속 나가면 된다.

지금 당장 당신이 쓸 것만 생각하면 된다는 것이다. 너무 많은 양을 생각하지 마라. 한 시간 후에 쓸 것을 지금 생각하지 마라. 당연히 내일 쓸 것, 모레 쓸 것, 다음 주에 쓸 것은 더더욱, 절대로 생각할 필요가 없다. 지금 당장 쓸 것만 생각하고 써내려가면 된다. 당신의 뇌는 유한한 자원이다. 분산시키고 흩어버리면 죽도 밥도 안 된다. 하나에 집중하도록 하라.

인용, 창작의 기초 체력을 기르는 최고의 훈련법

많은 사람이 인용하는 것에 대해 좋지 않게 생각한다. 특히 인용문이 많이 나오는 책들을 보고는 칭찬보다는 비판을 많이 한다.

하지만 이것은 껍데기만 보고, 알맹이를 보지 못하는 오류를 범하는 것이다. 인용문이 많은 글을 보고, 작가의 주관이나 생각이 없다고 성급하게 판단해버리고, 작가를 낮게 평가해버리는 일은 자제해야 한다.

위대한 음악의 신동이었던 모차르트도, 미술의 신 피카소도, 대문호 셰익스피어도 모두 베끼기를 십 년 이상 했던 사람들이다. 그 어떤 사람도 처음부터 대가였던 경우는 없다.

중국 무술 영화를 봐도, 무림의 고수가 되기 위해서 위대한 스승 밑에 들어가면 밥 먹고 하는 일이 기초 체력을 단련하는 것, 즉 물 길어 오고 밥하고 청소하는 일로 시작해서, 근력을 키우고 체력을 키우는 일만 시키고 정작 무술은 가르쳐주지 않는다.

이처럼 어떤 분야의 대가가 되기 위해서 가장 중요한 것은 기교나 테크닉이 아니라 기본기라고 할 수 있다. 글쓰기의 기본기는 결국 좋은 글들을 베껴 쓰고 인용하는 것이라고 할 수 있다.

글쓰기를 시작하고자 하는 독자들에게 해주고 싶은 말 중 하나는 자신의 창작물을 쓰려고 하기보다는 먼저 타인의 생각들을 편집할 수 있는 능력을 기르고 연습하라는 것이다. 즉 자신을 제대로 표현하고 나타내 보이기 위해서는 제대로 된 편집 능력이 있어야 한다는 뜻이다. 제대로 된 편집 능력을 발휘하기 위해서는 인용을 많이 해봐야 하고, 인용하는 능력을 길러야 한다는 것이 나의 지론이다.

"인용은 글쓰기 입문자들의 필수 코스다." 인용을 많이 하고 잘하는 사람이 되면 그 사람은 지금 당장은 아니더라도 5년 후, 10년 후에는 위대한 작가가 되어 있을 것이라고 나는 확신한다.

창작자가 되기보다는 편집자가 되라고 주장하는 사람이 있다. 일본의 편집공학 전문가 마쓰오카 세이고에 따르면 편집은 '일반적인 것들을 재구성하여 낯설게 보이기'다. 풀어보면, 편집이란 독자 마음의 가장 밑바닥에 있는 비밀을 건드려 읽게 만드는 기술이라는 것이다.

편집을 통해 저자는 독자들에게 자신이 말하고 싶은 것들을 더 효과적으로, 더 쉽게, 더 경제적으로 설명하고 전달할 수 있다. 그가 자신의 저서 《지의 편집공학》에서 밝히는 내용을 보자.

전 제가 쓴 책들이 모두 온전히 제가 창작한 글이라고 생각하는 편이 아닙니다. 그저 제가 살아오면서 읽고 경험하고 배운 것들을 재구성하여 낯설게 보이게 하여, 독자들에게 새로운 것으로 보이게 하여, 새롭다는 것을 느끼게 할 뿐입니다. 제가 읽고 배우고 경험하고 접한 모든 것들이 제 머릿속에서 인용되고, 융합되어, 제 의식이 되어, 사고 속으로 파고들어와서 새로운 남다른 시각으로 재정리가 된 것뿐이라고 생각합니다. 그런 점에서 제가 무에서 유를 창조한 건 아니라고 생각합니다. 그런 점에서 인용은 창작의 기초 체력이며, 재료이며, 원료인 것입니다.

나는 그가 자신의 책을 통해 말하고자 했던 이 말에 100퍼센트 동의한다. 그래서 창조적이라고 하는 사람들을 나는 경계한다. 그들도 알고 보면 모두 타인의 것들을 베끼고, 엮고, 융합하고, 통합하여 새로운 디자인으로, 새로운 콘셉트로, 새로운 편집을 했을 뿐이기 때문이다.

그런 점에서 모든 창작자의 시작은 편집이다. 그래서 편집을 잘하는 사람이 되어야 하고, 초기에는 편집을 주로 하는 사람이 되어야 나중에 창작자로 승화할 수 있다.

그런 점에서 편집을 무시해서는 안 된다. 그리고 그러한 이유에서 인용하는 것을 무시해서는 안 된다. 모든 창조는 베끼기에서 시작되었고, 모든 위대한 저작물은 인용에서부터 시작되었기 때문이다.

셰익스피어도 베끼기를 잘했다. 베끼기의 대가였던 것이다. 그것이 그를 위대한 작가로 만들어주었다. 모차르트도 십 년 이상을 표절만 했다. 그것이 그의 기본기를 튼튼하게 만들어주었고 결국 그를 위대한 음악가로 거듭나게 했다. 피카소 역시 어렸을 때는 십 년 이상 베끼기를 했다. 바로 그런 점이 그로 하여금 다양한 화법을 구상하고 실천할 수 있게 해주었고 다작을 할 수 있게 해주었다.

인용하는 것, 베끼는 것은 창작의 기본이다. 걷기도 못하면서도 뛰려고 하기에 창작이 힘든 것이다. 걷는 것을 충분히 배워서 완벽해진 후

뛰는 것을 배워야 한다. 욕심내지 말아야 한다.

자기 자신을 배움과 성장에 한없이 개방하라. 그렇게 하기 위해서는 자신을 낮추어야 하고 비워야 한다. 인용하는 것은 배우는 것이며 자신을 낮추는 것이다.

성장과 배움에 자신을 개방하라. 한없이 개방하라. 그래서 자신의 것이 되게 하라. 그렇게 되면 인용을 통해 더 많은 것들을 창조할 수 있다. 너무 빨리 혼자서 모든 것을 다 할 수 있는, 이미 성장이 다 된 작가라고 생각하지 마라. 오히려 평생을 학생이라고 생각하며, 성장과 배움을 갈망하고 또 갈망하는 작가가 되는 것이 중요하다.

창작과 편집은
종이 한 장 차이다

한국의 대표 지식인 중 한 사람인 강준만 교수는 인용을 많이 하는 작가다. 그가 인용을 많이 하는 이유는 무엇일까? 그 이유는 그가 문장력이 부족해서도 아니고, 필력이 딸려서도 아니다. 그저 그런 스타일이 좋기 때문이다.

그에게 있어서 글 쓰는 즐거움은 자신의 문장력을 뽐내는 데 있다기보다는 자기가 아닌 다른 수많은 사람의 생각을 편집하고 나누고 엮어 소통하는 데 있다는 생각이 든다. 그는 자신이 모든 것을 다 생각해내고 만들어내겠다는 욕심을 버리고 겸허하고 낮은 자세로 글쓰기에 임한다. 나는 그의 이런 모습이 정말 좋다.

그가 자신의 저서인 《글쓰기의 즐거움》에서 이런 심정을 밝힌 대목을 살펴보자.

> 우선 글쓰기에 임하는 자세에 있어서 '창작자'가 아닌 '편집자'가 되길 권하고 싶다. 물론 윤리적인 편집자다. 보통 사람들이 느끼는 글쓰기의 고통은 의외로 과욕에서 비롯된다. 처음부터 자신이 모든 걸 다 만들어내겠다니, 그 얼마나 무모한 욕심인가? 윤리적이고 겸허한 편집자의 자세를 갖게 되면 당연히 많이 읽고 생각해야 할 필요를 느끼게 된다.
>
> _ 강준만, 《글쓰기의 즐거움》, 6쪽

그의 말에 나는 전적으로 동의한다. 처음부터 자기 자신이 모든 것을 다 만들어내겠다고 하는 것은 욕심이다. 나는 절대 욕심내지 않는다. 그래서 글을 많이 쓸 수 있다. 창작과 편집은 종이 한 장 차이다. 편집술이 뛰어난 사람은 반드시 창작을 잘하는 사람이 된다. 하지만 편집술이 없는 사람은 절대로 위대한 창작자가 될 수 없다. 역사가 이런 사실을 증명해주고 있다.

익숙한 것들을 낯설게 보일 수 있게 하는 자가 혁신가이며 창조가다. 스스로 자만하지 마라. 스스로 창조적이라고 생각하지 마라. 하늘 아래 새로운 것은 없다. 모든 것은 어제 있었던 것이고, 모든 것은 편집된 것에 불과하다. 그런 점에서 나는 나를 창조가라고 생각하지 않는다. 심지어 작가라고도 생각해본 적이 없다.

창작과 편집은 전혀 다른 성질의 것이 아니다. 편집을 잘하게 되면, 창작도 잘할 수 있게 된다. 이런 생각을 하는 사람이 나뿐만이 아니라는 것을 다른 책들을 읽으면서 더욱더 확신할 수 있게 되었다.

나와 같은 생각을 하는 반가운 사람이 바로 배상문 씨다. 매년 1000여 권의 책을 읽으면서, 다독多讀이 인간의 정신과 육체에 미치는 영향에 관한 생체 실험을 10여 년째 진행해 오고 있는 독서의 신인 그는 자신의 저서를 통해서 이런 말을 한 적이 있다.

> 따라서 '창작자가 아닌 편집자'가 되라는 그의 말 속에는 자신의 편집자적 성향을 이해 좀 해 달라는 뜻도 포함된 것이다. 나는 그를 이해한다. 이해할 뿐 아니라, 그의 말은 글쓰기 초짜들에게 무척이나 중요한 조언이라고도 생각한다. 나도 초짜인 당신에게 우선 '창작자'가 아니라 '편집자'가 되길 권한다. 당신은 아직 '창작'을 운운할 단계가 못 된다. 이미 있는 자료를 가지고 '편집'하는 법부터 익혀야 한다.
>
> _ 배상문, 《그러니까 당신도 써라》, 137쪽

읽기를 잘하다 보면 저절로 자연스럽게 쓰기가 되듯, 편집을 잘하다 보면 저절로 자연스럽게 창작이 된다고 나는 생각한다.

작가가 된다는 것,
돈을 넘어 가치를 탐한다는 것

나는 아직도 나 자신을 작가라고 생각해본 적이 없다. 그런 생각을 의도적으로 회피하기 때문이다. 그것을 생각할 시간도 아까웠다. 그 시간에 책을 읽고 글을 써야 하기 때문이다. 그 정도로 책에 빠져 살고 있는지도 모른다.

하지만 그렇게 바쁘게 책 읽기와 책 쓰기에 빠져 살면서도 한 가지 중요한 사실을 깨달은 것이 있다. 그것은 바로 '작가'에 대한 생각이다. 자기 자신이 작가인지 아닌지에 대해서는 생각조차 하기 싫은 사람이 작가에 대해서는 수도 없이 생각하게 되었다는 것이다.

지난 10년 동안 책에 오롯이 빠져서 책에 미친 결과, 얻게 된 한 가지 사실은 '작가는 그저 직업이 아니라는 사실'이다. 대통령이 그저 직업일 수가 없는 것처럼, 작가 또한 그저 직업일 수가 없다는 것이다. 직업의 가장 큰 목적을 돈벌이라고 보는 기준으로 평가한다면 작가라는 직업은 최악일지도 모른다.

종일 의자에 엉덩이를 대고 앉아서 손가락이 부러지고 노트북 자판이 깨어질 정도로 쓰고 또 쓰는 육체노동을 할 뿐만 아니라 동시에 정신노동까지 해야 하는 노동자가 작가인지도 모른다.

한국에서 글을 쓰는 작가들의 월평균 수입을 따져보면 100만 원도 채 되지 않을 것이다. 그러므로 작가는 그저 직업이 아니다. 직업을 초월한 직업이기에 작가로 살고자 하는 사람들이 적지 않고 지금도 생겨나는 것이다. 초등학교 교사를 하다가 작가가 된 사람이 있고, 평범한 가정주부에서 작가가 된 사람도 있고, 대기업을 다니다가 그만두고 작가가 된 사람도 있고, 취직이 되지 않아 방황하다가 어찌어찌하여 작가가 된 사람도 있다.

이 모든 사람의 공통점은 그들에게 작가는 그저 직업이 아니라 그 이상의 것이라는 점이다.

왜 작가는 그저 직업이 아닐까? 그것은 작가의 본질에서 비롯된다. 작가는 누구인가? 글 쓰는 사람이다. 그런데 글 쓰는 것은 그 자체가 보상이고 월급이다. 바로 이것 때문이다.

작가가 그저 직업이 아닌 이유는 작가들은 글을 쓰는 노동을 통해 이미 노동의 대가인 월급을 글을 쓰는 과정을 통해 받기 때문이다. 이것이 바로 작가다.

대통령이 그저 직업이 아닌 이유는 무엇인가? 대통령이 되는 순간 그 사람의 모든 언행이 곧 나라를 대변하는 일이기 때문이다. 즉 공인이 된다는 뜻이다. 이와 마찬가지로 작가가 되는 순간, 작가가 쓴 말과 글은 개인의 사적인 말과 글이 아니라 놀랍게도, 충격이지만, 공적인 말과 글이 되어버린다. 그래서 작가라는 직업은 그저 직업이 아니다.

바로 이런 이유에서 작가에게는 의무감이 따라다니게 된다. 그러면서도 엄청난 특권이 부여된다. 그것을 어떻게 일일이 다 말할 수 있을까? 일일이 다 말할 수 없는 엄청난 의무와 특권은 평범한 사람에게는 어마어마한 혁신과도 같은 것이다. 그러므로 작가는 그저 직업이 아니라, 그건 혁명과도 같은 것이다.

작가는 직업이 아니다. 그저 직업이 아니다. 작가란 글 쓰는 직업을 가진 사람이 아니라, 읽을 만한 가치 있는 글을 만들어내는 사람이다. 그런 점에서 작가는 창조가가 되어야 한다. 그리고 좀 더 정확히 말해 작가는 창조가다.

창조적 글쓰기는
저절로 흘러넘칠 때 찾아온다

글을 써오면서 깨달은 한 가지는 창조적인 글쓰기는 절대로 의도적으로 되는 것이 아니라는 사실이다. 오히려 창조적 글쓰기는 자연스러운 결과라는 결론을 얻게 되었다.

창조적인 글쓰기를 하기 위해 자신을 학대하고 쥐어짜는 사람들은 한두 번은 어떻게 할 수 있다 해도 절대로 오래가지 못한다. 그래서 창조적 글쓰기는 어려운 것이라고 쉽게 단정 짓는다. 심지어 천재가 아니면 아무나 할 수 없는 것이 되어버린다.

그 결과 자기 자신과 창조적 글쓰기는 점점 더 상관 없는 것이 되어버린다. 그래서 성공적인 작가가 된다는 것은 멀고도 힘든 것, 아니 거의 불가능한 것처럼 여기게 된다. 하지만 이러한 생각은 글쓰기에 대한 경험의 부재와 무지로 인한 전형적인 오해 중 하나다.

창조적 글쓰기는 물이 섭씨 100도가 되면 저절로 끓는 것처럼 자연스러운 현상이다. 한마디로 그것은 저절로 되는 것이다. 큰 물통에 물을 받다 보면, 어느 순간 저절로 흘러넘치게 된다. 바로 그것이 임계점을 돌파한 순간이다. 어떤 것이든 임계점에 도달해야 변화가 일어난다. 글쓰기도 마찬가지다.

다양한 책을 읽어 다양한 의식이 머릿속에 들어가 서로 부딪히다 보면, 어느 순간 빅뱅처럼 폭발하게 되고 외부로 흘러넘치게 된다. 바로 그 시점이 창조적 글쓰기가 자연스럽게 되는 순간이다.

그때 당신이 해야 하는 일은 허용이다. 잠재의식, 직관, 본능을 억압하지 말고 그대로 허용하라는 것이다. 그렇게 되면 시간 가는 줄도 모르고 글쓰기에 몰입하게 된다. 자기 자신이 지금 무엇을 하고 있다는 사실조차도 의식하지 않게 된다. 몰아의 상태가 되는 것이다. 자기도 모르게 콧노래가 나오고, 희열을 느끼게 되며, 충만함이 온몸과 마음을 감싸게 된다. 그것이 바로 창조적 글쓰기의 보상이다.

저절로 흘러넘친다는 것은 마치 샤워를 할 때 의도치 않게 좋은 아이디어가 떠오르는 것과 비슷하다. 아래 글을 보자.

"왜 나는 샤워 도중에 최고의 아이디어가 떠오를까?" 아인슈타인이 짜증을 내면서 했다는 말이다. 오늘날의 연구결과 샤워가 창조적인 뇌의 활동을 촉진시킨다는 것을 밝혀냈다. 샤워나 수영, 걸레질, 면도, 자동차 운전 등은 모두 규칙적이고 반복적인 행동이다. 이런 행동들은 논리적인 뇌를 좀 더 창조적인 뇌로 바꿔준다. 창조성이 필요한 까다로운 문제를 해결하는 방법이 설거지하다가 불쑥 솟아날 수도 있고, 고속도로에서 운전하다가 갑자기 떠오를 수도 있다. 어떤 것이 당신에게 가장 효과가 있는지 알아보고 그 방법을 애용하라.

_ 줄리아 카메론, 《아티스트 웨이》

아인슈타인의 말처럼 샤워 도중에 최고의 아이디어가 떠오르는 이유는 창조적인 활동은 절대 의도해서 되는 것이 아니기 때문이다. 그것은 컵에 물이 다 차면 흘러넘치듯 자신의 머릿속에 수많은 생각이 만나서 화학반응이 일어나야 한다.

글을 잘 쓰려고 의도하고, 창조적인 글쓰기를 하려고 의식하는 그 순간, 당신의 뇌는 심하게 말해서 마비되고 만다. 그래서 더 부자연스럽게 되고, 글을 잘 쓸 수 있음에도 오히려 더 못 쓰게 된다.

책을 많이 빨리
쉽게 쓸 수 있는 비결

글쓰기를 시작하려는 독자들에게 꼭 하고 싶은 말이 있다.

책을 많이 빨리 쉽게 쓸 수 있는 유일한 비결이 있다. 그것은 바로

"첫 문장을 잘 쓰려고 하지 마라"는 것이다.

첫술에 배부를 수 없다. 첫 문장에 만족함을 얻으려고 하지도 말고, 명문을 쓰려고도 하지 마라. 그저 시작하게 해주는 문장, 글쓰기를 이어나갈 수 있게 하는 문장이면 된다. 첫 문장의 역할은 그것만으로도 충분하다.

절대로 첫 문장을 통해 독자를 한 방에 사로잡으려고 애쓰지 마라. 그것은 헛된 욕심이다. 만약 독자를 사로잡을 만큼 멋진 첫 문장을 썼다면, 그 후부터 그 책이 끝날 때까지 당신은 계속해서 그 첫 문장만큼 글을 잘 써야 할지도 모른다.

첫 문장을 잘 쓰려고 하기에 글쓰기가 힘들고 어려워지는 것이다. 첫 문장에 대한 욕심이나 미련을 버리고, 그저 쓰기 시작하라. 그것이 첫 문장을 제대로 쓰는 가장 좋은 방법이다.

처음에는 대담하게, 끝은 소심하게, 쓰기는 자유롭게, 퇴고는 꼼꼼히.

이 말은 조선 후기 초학자初學者들 사이에 유행했던 글 쓰기 원칙이다. 남송의 사방득이 쓴 《문장궤범》이란 책이 제시하는 글 쓰는 방법의 핵심이 바로 이것이다.

첫 문장을 쓸 때 반드시 대범해져야 한다. 그리고 마음속에 욕심을 버려야 한다. 첫술에 배부를 수 없다. 첫 문장은 그다음 문장을 위해 길만 열어주면 그만이다.

누에고치에서 실이 뽑혀 나오듯, 구멍에서 샘물이 솟아오르듯 글이 넘치는 작가가 되는 가장 쉽고 확실한 방법은 욕심을 비우는 것이다. 그것도 첫 문장에 대한 욕심을 말이다.

너무 잘하려고 하지 않을 때 글은 술술 써진다. 욕심을 가지고 사심이 잔뜩 들어가 있으면 글이 막힌다. 절대로 자신의 역량을 100퍼센트 그대로 발휘할 수 없다.

그래서 글을 쓰는 사람들은 무아지경에 빠지는 것이 가장 좋다. 자기 자신이 글을 쓰고 있는 것인지 아닌지를 의식조차 하지 않고 그저 그것에 빠져들어서 글을 쓰는 것이 가장 좋다.

1년에 40권에서 60권의 책을 출간한다는 집필의 신, 나카타니 아키히로는 글을 쓸 때 침을 질질 흘리면서 글에 완전하게 몰입하는 자신을 발견하게 된다고 말한다.

고수들은 이렇게 자신이 지금 글을 쓰고 있다는 것조차 의식하지 않고 책을 쓴다. 첫 문장을 쓸 때, '어떻게 하면 잘 쓸 수 있을까?' '반드시 멋진 문장을 써야 한다' 같은 잡념은 전혀 도움이 안 되는 걸림돌일 뿐임을 꼭 명심하자.

너무 잘 쓰려고 욕심내지 않고, 그저 자신의 글을 자신의 문체로 자신만의 스타일로 써내려갈 수 있게 된다면, 책을 쉽고 빠르게 많이 쓸 수 있을 것이다.

여러분이 글을 쓰고 싶다면, 종이와 펜 혹은 컴퓨터, 그리고 약간의 배짱만 있으면 된다. 학벌도 필요 없고, 우수한 두뇌도 필요 없다. 맞춤법을 알아야 할 필요도 없다. 이런저런 낱말을 많이 알아야 할 필요도 없다. 작가가 되는 것도 마찬가지다. 달리 필요한 게 없다! 그러나 굳이 말하자면, 경험이 필요하긴 하다. (…) 기꺼이 글을 쓰겠다는 마음으로 일단 시작해서 꾸준히 글을 쓰기만 하면 된다. 자신의 이야기를 있는 그대로 솔직히 털어놓으며, 꾸준히 시간을 바치다 보면 어느새 여러분은 작가가 되어 있을 것이다.
_로버타 진 브라이언트,《누구나 글을 잘 쓸 수 있다》

제8장

내 안에 잠든
글 짓는 도서관을
깨워라

글은 절대
문장력의 문제가 아니다

> 글은 누구나 노력하면 잘 쓸 수 있는 것은 아니며 또한 말하듯이 쓴다고 되는 것도 아니다. 게다가 많이 읽고 많이 써본다고 해서 글을 잘 쓰는 것도 아니며 글이란 서론, 본론, 결론으로 구성되지 않는다. 또한 글은 문장력이 아니며 글쓰기의 궁극적 목표는 인격도야에 있지 않다.
> ㅡ 탁석산, 《탁석산의 글짓는 도서관》, 30쪽

분명한 한 가지 사실이 있다.

누구에게나 내면에 글 짓는 도서관을 하나씩 가지고 있다는 사실이다. 다르게 표현하면 누구나 자신의 이야기를 하고 싶어 한다는 것이다. 자신을 표현하고 드러내고 싶어 하는 본능을 가지고 있다는 말이다.

누구나 밥을 먹고 잠을 자고 사랑해야 하듯, 글쓰기도 그와 다르지 않다. 생존을 위해 해야 한다. 그런 점에서 나는 노력하면 글을 잘 쓸 수 있다거나 반대로 아무리 노력한다고 해도 아무나 글을 잘 쓸 수 있는 것은 아니라는 사람들과는 생각이 다르다.

밥을 먹는 것, 잠을 자는 것, 사랑을 하는 것 등은 그 자체가 중요하지 누가 밥을 잘 먹고 못 먹고, 잠을 많이 자고 적게 자느냐 하는 것은 사실 핵심적인 사항이 아니다.

글을 쓴다는 것도 이와 다르지 않다. 그것은 자신을 표현하는 것이며, 하고 싶은 말을 전달하는 것이 본질이다. 그런 점에서 누구에게나 글 짓는 도서관이 있다고 말할 수 있다.

앞에서 인용한 글쓰기에 관한 견해 중에서 내가 100퍼센트 동의하는 주장은 글은 문장력이 아니라는 말이다.

그렇다. 나도 그렇게 생각한다. 글은 문장력이 아니다. 문장력이 아무리 좋아도 많은 이들에게 읽히지 않는 글이 있다. 그 이유는 무엇일까? 그것은 문장과 문장의 흐름, 연결성이 나쁘기 때문이다. 하나하나는 예쁜데, 얼굴 전체를 볼 때 균형이 맞지 않고, 연결성이 나빠서 미인이라는 소리를 듣지 못하는 여성이 있는 것처럼, 글은 나무가 아니라 숲이어야 한다.

한 편의 글은 건축물이나 잘 만들어진 요리와 같다. 하나하나의 건축 재료들은 멋지고 고급스러운 것들이지만 그것들을 다 연결하고 결합했다고 해서 그 건축물도 당연히 아름다우리라고 생각하는 것은 어불성설이다.

요리도 마찬가지다. 비싼 음식 재료를 가지고 형편없는 요리를 만드는 사람이 있는 반면, 냉장고에 있는 재료를 가지고도 맛있는 요리를 뚝딱 만들어내는 사람이 있다.

문장력이 글의 전부는 아니라는 달이다. 문장력과 기교에 치중하다 보면 글쓰기의 본질에서 벗어나게 되고 핵심 주제는 모호해진다. 이렇게 되면 골탕을 먹는 쪽은 저자가 아니라 독자다.

독자들은 그 글의 핵심 주제와 저자가 진짜 말하고자 하는 것이 무엇인지 파악하기 위해 많은 시간과 노력을 들여야 하기 때문이다. 독자들에게는 이것이 독서에 몰입하는 것을 방해하는 하나의 걸림돌이 된다.

문장력에 너무 치중하는 것은 작가 자신에게도 해롭다. 글은 하나의 구조물과 같다. 글은 수많은 문장으로 이루어지지만, 문장이 좋다고 해서 전체적인 구조물인 글이 좋다고 단정 지을 수는 없다. 문제는 문장과 문장의 관계, 전체적인 균형과 흐름이기 때문이다.

문장력 자체에 집중하기보다는, 문장과 문장의 관계, 전체적인 균형과 흐름에 집중하는 것이 훨씬 더 중요하다. 그리고 그러한 것과 함께 집중해야 할 한 가지 요소는 상상력이다. 미국 남부를 대표하는 작가인 유도라 웰티는 이런 말을 했다.

어떤 주제를 가지고 쓰든, 그것은 이미 낡고 진부한 것이다. 어디에 가건 그곳은 이미 누군가의 발길이 닿은 곳이고, 결코 새로운 곳이 될 수 없다. 새로워질 수 있는 것은 오직 상상력뿐이다. 그러나 그것으로도 충분하다.

낡고 진부한 글은 아우라가 없는 글이 된다. 아우라가 없는 글은 더는 생명력이 없다. 살아 숨 쉬는 글을 쓰고 싶다면 상상력을 발휘해야 한다. 그리고 그 상상력은 결국 당신만의 생각에서 비롯된다. 그러므로 글은 문장력에 종속된 것이 아니라 인간의 상상력과 더 관련 있는 것이라고 할 수 있다.

자신만의 글 짓는
도서관을 찾아라

당대 최고의 문장가로 평가받고 있는 소설가 이태준 선생은 '자신의 것을 쓰라'고 강조했다.

> 어디까지 자기가 신경으로 느끼어 보고 자기에게서 솟아나는 정서를 찾아 그것을 글로 만들 것이다.

즉 자기 자신의 글을 쓰라는 것이다. 인용은 글쓰기의 기초 체력이다. 기초 체력이 되었다면 이제는 자신만의 종목을 선택해서 그 종목에서 최고가 되어야 한다. 글 속에 지은이 자신의 모든 것을 담아야 한다. 그렇게 하기 위해서는 반드시 자신의 결을 써야 한다.

"아무리 짧은 글이라도 그 글을 읽고 나면 그 사람의 마음이 눈에 보인다"고 말한 이태준 선생처럼, 당신이 쓴 글을 누군가가 읽고 나면 당신의 생각, 당신의 마음, 당신의 인생이 그 사람의 눈에 보여야 한다. 그러므로 내면에 숨겨진 자신만의 글 짓는 도서관을 깨워 풍성하게 키워야 한다.

고대인들은 책을 통해 자신의 주장을 펴는 것을 무척 싫어했다고 한다. 저자가 대중을 직접 눈으로 보지 못한다는 것이 그 이유 중 하나였다. 그 당시에는 상대방을 설득하는 것이 무엇보다 중요한 기술이었던 것 같다.

하지만 지금 이 시대는 설득이 아니라 홍보가 더 중요하다. 만약 당신이 지금 자신을 홍보하기 위해서 블로그를 만들고 명함을 만들고 업적을 쌓으려고 한다면 나는 이렇게 말하고 싶다.

그 모든 것은 당신이 쓴 한 권의 책이 대신해준다.

그래서 나는 명함을 만들지 않는다. 그래도 수백 장의 명함을 돌린 사람들보다 훨씬 더 많은 홍보가 되었다고 말할 수 있다.

요즘처럼 글쓰기의 중요성과 필요성이 대두된 시대는 없었다. 이것이 당신이 당신만의 글 짓는 도서관을 만들어야 할 이유 중 하나기도 하다. 이제 현대인들에게 글쓰기는 생활의 일부가 되었다. 그리고 이러한 시대적 흐름은 당신에게도 반드시 자신만의 글 짓는 도서관이 있어야 한다는 것을 말해주고 있다.

무엇이 두려운가?
독자들이여, 저자가 되라!

이 책을 읽는 독자들에게 꼭 들려주고 싶은 말이 있다. 바로 이것이다. "누구나 글을 쓸 수 있다!"

그런데 왜 실상은 나의 결론과 너무나도 다를까? 놀랍게도, 너무나도 많은 사람들이 글을 쓰지 않는다. 아니, 않는다고 말하는 것은 틀렸다. 글을 쓰지 못한다. 그 이유는 무엇일까? 소리도 없이 형태도 없이 독자들을 좌절시키는 몇 가지 걸림돌 때문이다. 그 걸림돌들을 살펴보면 이렇다.

첫째는 생각이 너무 많다. '과연 내가 글을 쓸 수 있을까?' 하며 힘들게 시작한 글쓰기에 대해 끊임없이 생각하고 또 생각한다. 무엇을? '과연 지금 쓰고 있는 이 글을 세상이 받아줄까?' '욕은 먹지 않을까?' '이제 포기할까?' 등 너무나도 많은 쓸데없는 잡념에 매몰돼버린다는 것이다. 이렇게 되면 정작 글쓰기의 주제에 집중할 수 없고, 글쓰기의 진정한 즐거움을 느끼지 못하게 된다.

둘째는 정작 쓰는 행동보다는 준비나 조언만 구하면서 아까운 세월을 낭비한다. 글쓰기에 성공하는 사람들은 말도 없이 기색도 하지 않고, 그저 쓴다. 하지만 실패하는 사람들은 글을 쓰기 10년 전부터 여기저기 전국을 돌면서 조언을 구하고, 어마어마한 준비를 한다. 심지어는 대학 입시 준비보다도 더 철저한 준비를 한다. 너무 많은 준비와 조언들은 당신을 무겁게만 할 뿐이다.

명심하라. 가벼울수록 더 높게 날 수 있다. 너무 많은 조언이나 준비는 오히려 걸림돌이 된다.

셋째는 너무 완벽한 때를 기다린다는 것이다. 68억 인류가 모두 찬사를 보낼 수 있을 정도의 완벽한 시나리오를 쓸 수 있는 그런 영감을 기다리고 또 기다린다. 백 명에게 물어봐서 백 명 모두 좋다고 고개를 끄덕이게 할 수 있는 그런 주제를 기다리고 또 기다린다. 또한 어떤 글이든 마음대로 써낼 수 있는 집필의 신이 될 때까지 기다리고 또 기다린다.

한마디로 완벽한 때를 기다리고 또 기다린다는 것이다. 독자들이 명심해야 할 한 가지 사실은 아무리 죽을 때까지 기다린다 해도 여러분이 꿈꾸는 완벽한 때란 오지 않는다. 그렇다면 당신이 글을 쓰기 시작해야 할 완벽한 때는 언제인가? 그것은 바로 '지금 당장'이다.

넷째는 너무 기준을 높게 잡는다는 것이다. 단 한 권의 책도 출간해 보지 못한 초보 작가일수록 완벽한 글을 쓰려고 한다. 첫 한 문장을 쓴 다음에 그 문장이 자신의 마음에 쏙 들지 않으면 글을 더는 쓰려고 하지 않는다. 그 첫 번째 문장을 수십 번도 더 다시 쓰고 또다시 쓴다. 결국 그 글쓰기는 더 이상 진전이 없게 된다.

무엇이 두려운가? 독자들이여, 그저 쓰라. 쓰고 또 쓰면 저자가 될 수 있다. 그것뿐이다. 당신에게 필요한 것은 능력이 아니라 실천이다. 일단 글쓰기를 시작하라. 시작해서 글쓰기에 몰입하게 되면 리듬을 타게 된다. 그때 비로소 당신은 글쓰기가 놀이와 같은 것임을 온몸으로 체험하게 된다.

단 한 번이라도 이러한 체험을 했다면, 그다음부터는 모든 것이 저절로 된다.

글이 쓰고 싶을 때 필요한 것들

글이 쓰고 싶을 때, 당신에게 꼭 있어야 하는 것들은 의외로 적다. 딱 두 가지라고 할 수 있다. 쓰고 싶은 마음이 있을 때, 그것을 실천할 수 있는 용기와 배짱만 있으면 된다. 용기와 배짱만 있으면, 종이와 펜은 어떻게 해서든 구할 것이고 어떻게 해서든 쓸 것이기 때문이다.

여러분이 글을 쓰고 싶다면, 종이와 펜 혹은 컴퓨터, 그리고 약간의 배짱만 있으면 된다. 학벌도 필요 없고, 우수한 두뇌도 필요 없다. 맞춤법을 알아야 할 필요도 없다. 이런저런 낱말을 많이 알아야 할 필요도 없다.

작가가 되는 것도 마찬가지다. 달리 필요한 게 없다! 그러나 굳이 말하자면, 경험이 필요하긴 하다. (…) 기꺼이 글을 쓰겠다는 마음으로 일단 시작해서 꾸준히 글을 쓰기만 하면 된다. 자신의 이야기를 있는 그대로 솔직히 털어놓으며, 꾸준히 시간을 바치다 보면 어느새 여러분은 작가가 되어 있을 것이다.

_ 로버타 진 브라이언트, 《누구나 글을 잘 쓸 수 있다》, 14쪽

글쓰기는 누구나 할 수 있고, 누구나 글을 쓰는 작가가 될 수 있다고 강조하는 로버타 진 브라이언트는 딱 잘라서 말한다. 글을 쓰고 싶다면 일단 시작하라고 말이다. 그리고 꾸준히 쓰라고 조언해준다.

나도 그녀의 주장에 100퍼센트 동의한다. 그것뿐이다. 글쓰기를 너무 어렵게 생각하지 마라. 아기들이 처음 걸음마를 배울 때처럼 그냥 쓰기 시작하라는 것이다.

걸음마를 배울 때 아기들에게는 수천 번 혹은 수만 번 도전하고 넘어지는 것만이 필요하다. 그 어떤 명석한 두뇌도, 잘 걷는 법도, 뛰는 법도 절대 필요하지 않다.

글쓰기를 시작하는 사람들은 일단 쓰기 시작해야 한다. 그래야 더 많은 경험을 매일 할 수 있게 되고, 그 경험이 또다시 글로 이어져 당신을 작가로 만들어 줄 것이기 때문이다. 글쓰기는 당신의 삶을 완성해나가는 것이고 발견해나가는 것이다.

완벽해졌을 때 글을 쓰기 시작하면 너무 늦다. 그리고 그런 글쓰기는 누군가에게 보여주기 위한 잘못된 글쓰기로 전락하기 쉽다.

지금 아무것도 없을 때 하는 글쓰기야말로 건강한 글쓰기다. 그리고 이것이 글쓰기 과정의 80퍼센트를 차지한다. 그렇다면 나머지 20퍼센트는 무엇이 차지할까? 바로 주제 선정, 집필 계획서 혹은 서문과 목차의 작성, 타깃 독자 선정, 샘플 원고 작성 등이다. 이 정도만 한다면 정말 책 쓰기 입문을 완벽하게 수행한 것과 다름없다.

내가 진행한 '저자되기 프로젝트' 같은 글쓰기 프로그램을 통해서가 아니라 혼자서 글쓰기를 하고자 한다면 이런 것들보다 오히려 의식 변화가 먼저 필요하다. 그래야 펜을 들 수 있는 용기가 생기고 의자에 앉아서 글을 쓰기 시작할 수 있기 때문이다. 다시 말해, 글이 쓰고 싶을 때 반드시 필요한 것은 아무것도 없다. 그 정신과 의지, 실천력만 있으면 된다. 내가 실제로 그랬다.

도서관에서 3년 내내 책만 읽다가, 갑자기 도서관에서 글이 쓰고 싶어졌다. 신비한 체험처럼 말이다. 그 순간 아무것도 생각하지 않고 도서관에서 뛰쳐나왔다. 가장 가까운 문구점으로 가서 원고지를 50장 샀다. 그리고 다시 도서관에 와서 글을 쓰기 시작했다.

그렇게 한 달 정도 쓰고 나서 모 출판사에 원고를 보냈고, 바로 그것이 작가로서 발걸음을 떼는 첫 경험이 되었다. 글쓰기를 위해 당신에게 필요한 것은 사실상 아무것도 없다. 그러므로 지금 당장 펜을 들고 원고지 위에 자신을 써내려가면 된다.

글을 쓴다는 것은
가장 인간다운 일이다

중요한 사실 한 가지가 있다. 그것은 가장 인간다운 행위 중 하나가 바로 글쓰기라는 사실이다. 당신이 누구이든 당신은 글을 쓸 수 있다. 누구나 라면을 먹고 밥을 먹고 파스타를 먹을 수 있는 것처럼 말이다. 그럼에도 글쓰기가 그런 다른 행위보다 더욱 인간다운 이유는 글쓰기는 사람과 사람을 이어주기 때문이다.

어떤 행위들은 시간과 공간을 초월할 수 없다. 하지만 글쓰기는 시간과 공간을 초월할 수 있다. 과거의 인간들을 현재와 미래의 인간들과 만나게 해줄 수 있는 것이 글쓰기다. 그런 점에서 읽기와 쓰기는 가장 인간적인 행동이다.

읽기가 기존의 사람들과 만나는 것이라면, 쓰기는 현재와 미래의 사람들에게 자신을 전달하고 소통하는 것이다. 즉 글을 쓴다는 것은 소통을 시작하는 것이다.

글의 기본인 문장은 한두 사람의 전유물이 될 수 없다. 문장은 천하의 공유물이어야 한다. 구한말 나라의 은명을 한탄하여 강에 투신하여 자결한 송백옥 선생은 약관의 나이로 성균관에 유학할 때 노유들이 놀랄 정도로 문장에 뛰어났다. 그의 〈동문집성총서東文集成總敍〉에 보면 이런 문장이 나온다.

문장은 천하의 공물이다. 한 사람이 이를 얻어 사유하게 해서는 안 된다.

이 문장처럼 문장, 즉 글을 쓰고 사용하는 일은 한 사람의 전유물이 되어서는 안 된다. 글은 누구나 쓰고 사용해야 한다. 그것이 가장 인간다운 행위이기 때문이라고 나는 생각한다. 과거에는 귀족과 특권층만이 글을 읽을 수 있었다. 조선 시대에는 글을 읽을 수 있는 양반들만이 사람다운 삶을 살았다. 그 당시에는 글을 읽을 수 있는 사람과 읽지 못하는 사람 사이에 엄청난 장벽이 존재했다.

그런데 지금은 글을 쓸 수 있는 사람과 그렇지 못한 사람들 사이에 장벽이 생겼다. 그래서 지금은 글을 쓰지 못하는 사람들이 인간답게 살아가기 힘들게 되었다. 과거 조선 시대에 글을 읽지 못하는 하인들이 힘들게 일만 하면서 살아갔던 것처럼 지금은 글을 쓰지 못하는 사람들이 그런 삶을 반복하고 있다. 그러면서도 그것을 깨닫지 못하고 있다. 인간답게 살고자 한다면, 글을 써라. 더 나은 삶을 살고자 한다면 지금 당장 글을 써라.

글쓰기는
내 인생을 최고로 만드는 기술이다

글쓰기는 인생을 살아가는 데 있어서 반드시 갖추어야 할 최고의 기술이다. 이것이 나의 지론이다. 하지만 글쓰기를 위해서 작문 기술에 연연하라는 말은 아니다. 글쓰기 자체가 인생을 최고로 사는 데 필요한 기술이라는 것이다.

쇼펜하우어는 자신의 저서인 《문장론》에서 독서하고 사색하고 글 쓰며 사는 인생은 남다르다고 말했다. 그런 의미에서 글쓰기는 최고의 마케팅이며 전문가로 통하는 자격증이며 최고의 브랜드 파워 구축 수단이다.

조선 500년 역사상, 가장 어린 나이에 과거 급제한 사람은 누굴까? 바로 15세의 나이에 급제한 이건창이다. 대한민국 최고의 문장가 중 한 명으로 평가받고 있는 그는 벗의 작문 이론에 답하는 글인 〈답우인론작문서答友人論作文書〉를 통해 글을 어떻게 지어야 하는지에 대해서 자신의 의견을 피력한 바 있다. 한글로 번역된 여러 책을 취합하여 정리하면 이렇다.

작문에 어찌 비법이 있을 수 있겠는가? 독서를 많이 하고 쓸 뿐이다. 그럼에도 무릇 글을 쓰는 것은 반드시 먼저 뜻을 구상해야 하는데, 앞뒤가 대략 갖추어지고 짜임새가 어느 정도 타당하게 되어, 처음, 끝, 중간으로 뜻의 뼈대가 갖춰지면, 이 뜻이 연속하여 관통하여, 분명하게, 그리고 쉽게 이해할 수 있도록 붓을 놀려 써내려 가야 할 것이다. 바른 뜻을 잃지 않기 위해 어조사나 요긴하지 않은 글자를 구사할 겨를이 없을 것이며, 속어 사용을 꺼릴 틈이 없을 것이다.

이건창이 주장하는 글 쓰는 기술은 한마디로 독서를 많이 하고 많이 써보라는 것이다. 하지만 조금 더 구체적으로는 얼개 짜기와 의미 전달이 제일 중요한 글쓰기 기술이라는 것이다.

나는 글은 전달만 되면 그만이라고 생각한다. 그러므로 누구나 도전하라는 것이다. 자기 삶의 주인으로 살고 싶다면 반드시 글을 쓰는 삶을 살아야 한다. 이 세상 모든 일은 결국엔 글쓰기로 판가름나기 때문이다.

인생을 살아가는 데 있어서 최고의 기술은 글쓰기다. 과거에는 인생을 살아가는 데 최고의 기술이 글쓰기가 아니었다. 30년 전만 해도 지식이나 정보를 타인보다 더 많이 가지는 것이 최고의 기술이었다. 한 분야의 전문가 자격증을 획득하거나 좋은 기술을 가지고 있으면 인생을 어느 정도 잘살아갈 수 있었다.

하지만 지금은 변호사나 의사 같은 최고의 전문 직종 자격증을 가지고 있어도 인생에서 파업을 선언해야 할지 모른다. 명문대 박사 학위로는 이제 더는 충분하지 않다. 당신이 명문대 박사이거나 변호사이거나 교수라도 당신의 이름으로 출간된 책이 없다면, 당신은 전문가 대우를 받지 못하게 된다. 하지만 당신의 이름으로 출간된 책이 많을수록 당신은 모시기도 힘들고 만나기도 힘든 전문가로 대우받을 수 있는 가능성이 높아진다.

지식과 정보의 시대를 넘어, 이제는 감성과 창조의 시대다. 스토리를 가진 사람이 대우받는 시대가 아니다. 스토리를 제대로 전달할 수 있는 사람이 대접을 받는 시대다. 제대로 전달할 수 있는 가장 쉽고 가장 좋은 방법은 글이다.

글쓰기가 이 시대를 살아가는 데 꼭 필요한 기술인 이유가 바로 이것이다. 지금 이 시대는 박사 학위나 자격증보다 한 권의 책이 더 강력한 힘을 가지고 있다는 것을 명심하라.

좋은 글을 쓰기 위해
당신이 가장 먼저 해야 할 것

좋은 글을 쓰기 위해 당신에게 가장 중요한 것은 의지와 결단이 아니다. 당신이 좋은 글을 쓰기 위해서 가장 먼저 해야 하는 것은 포기다. 그것도 자기 자신에 대한 포기 말이다. 어떤 자기 자신인가? 글을 잘 쓰려고 하는 자기 자신을 포기하는 것이다.

좋은 글을 쓰는 작가가 되기 위해 당신이 가장 먼저 해야 하는 일은 먼저 형편없는 글을 쓸 줄 알아야 하고, 실제로 형편없는 글들을 많이 자주 써봐야 한다는 것이다.

더 중요한 사실은 글을 쓰고 싶지 않을 때나, 기분이 내키지 않을 때도 글을 쓸 줄 알아야 한다는 것이다. 쿠미건조하고 형편없는 글들을 많이 써낸 뒤에야 비로소 좋은 글을 쓸 수 있기 때문이다.

그런데 좋은 글만 쓰려고 하는 사람들은 이 과정을 견디어낼 수 없다. 그래서 중도 포기하는 것이다. 즉 자기 자신을 포기하지 못했기 때문에 좋은 글을 쓰는 자기 자신이 되어가는 그 길을 중도에 포기하게 된다.

그러므로 좋은 글을 쓰기 위해서는 형편없는 글이라도 마다치 않고 많이 써내는 것이 무엇보다 중요하다. 이런 사실에 대해서는 피터 엘보의 이야기에 귀를 기울일 필요가 있다. 그의 글쓰기 책은 옥스퍼드 대학에서 무려 33년 동안이나 스테디셀러로 자리매김했다.

이제 이 책의 큰 주제로 되돌아가자. 당신은 자기가 쓰는 글과 일체감을 느끼든 느끼지 않든 글을 생산해내는 법을 배워야만 한다. 글을 잘 쓰려면 먼저 나쁘게 쓸 줄 알아야 하고, 기분이 내키지 않을 때 쓸 줄 알아야 한다. 때로는 가짜에 무미건조한 글을 잔뜩 써낸 뒤에야 비로소 마법을 부릴 수 있게 되는 일도 있다. 그러므로 마법은 믿어야 하지만 마법이 안 되더라도 기꺼이 쓰려고 해야 한다.

_ 피터 엘보, 《힘 있는 글쓰기》, 463쪽

당신이 좋은 글을 쓰기 위해 두 번째 해야 하는 것도 역시 포기다. 이번의 포기는 하루 동안 당신이 해내는 많은 일에 대한 것이다. 지금 당신이 꿈과 목표를 이루기 위해서 하는 많은 일 중에 10분의 9를 포기해야 한다. 장난이 아니다. 당신이 지금 종일 입에 거품을 물면서 정신없이 바쁘게 하는 일 중 10분의 9를 포기해야 한다. 그렇게 해야 당신은 좋은 글을 쓰는 사람이 될 수 있다.

　이것도 하고 싶고 저것도 하고 싶은 마음과 욕심을 포기하지 않은 채 좋은 글까지 쓸 수 있는 사람이 되고자 하는 것은 너무 큰 욕심이고, 착각이고, 자기기만이다. 명심하라. 세상에 공짜는 없다.

　자, 당신은 무엇을 기꺼이 포기할 수 있는가? 오늘 밤 잠을 조금 포기할 수 있는가? 야식을 포기할 수 있는가? 친구와의 수다와 TV 시청을 조금 포기할 수 있는가? 온몸이 따스해지는 반신욕을 한두 번쯤 포기할 수 있는가? 취미생활인 등산을 한 달에 한두 번쯤 포기할 수 있는가? 돈을 조금 포기할 수 있는가? 직장에서의 인정을 포기하고, 야근을 포기할 수 있는가? 세상의 부와 성공을 조금 포기할 수 있는가? 마음의 욕심과 집착을 조금 포기할 수 있는가?

　당신이 쓰기 수련을 통해 좋은 글을 쓰는 사람이 되기 위해서 가장 먼저 해야 할 것은 바로 이런 것들이다. 가장 좋은 방법은 헨리 데이비드 소로처럼 아무도 방해할 수 없는 깊은 산속이나 호숫가에 들어가서 혼자 사는 것이다. 나처럼 아무도 당신을 모르는 지방으로 이사를 가서 아무도 당신을 모르는 지역의 도서관에서 종일 절대 고독 속에 자신을 던지는 것이다.

　한마디로 칩거를 하는 것이다. 하지만 직장생활도 해야 하고 사회생활도 해야 하는 독자들에게는 말도 안 되는 소리일 것이다. 그런 독자들이 할 수 있는 것은 잠을 조금 포기한다거나 TV 시청을 조금 포기하는 것과 같은 일들이다.

당신이 좋은 글을 쓰는 사람이 되기 위해 그렇게 긴 호흡은 필요하지 않다. 다만 매일 새로운 작은 호흡과 포기와 비움이 필요할 뿐이다.

당신의 인생을 좋은 것들로 채우기 위해서 당신이 가장 먼저 해야 할 것은 비우는 것이다. 포기하고, 버려라. 많이 버리고 포기할수록, 그래서 많이 비울수록 당신은 많이 채울 수 있다.

먼저 자신을 버리고, 그다음 자신의 외적 일들과 상황들을 버려라.

활기찬 삶을 위해서는 주기적으로 판을 엎어야 한다. 사는 곳도 바꿔 보고, 하는 일에도 변화를 주는 것이 좋다. 새로운 곳에도 도전해봐야 한다. 그러한 도전에서 중요한 것은 기존의 것을 완전히 버려야 한다는 것이다. 완벽히 비워야 한다. 그래야 새로운 것을 채울 수 있다.

_ 한근태,《일생에 한번은 고수를 만나라》, 51쪽

내가 가장 좋아하는 문장 중 하나다. 나는 이 문장을 삶의 지침 중 하나로 평생 간직하며 살 것이다. 왜냐면 실제로 11년 동안의 대기업 직장인의 삶을 완전히 버리고 완벽하게 과거의 삶을 비워내고 나서야, 비로소 새로운 작가로서의 삶을 채울 수 있었기 때문이다. 물론 의도한 것은 절대 아니다. 많은 책을 읽다 보니, 작가의 시선과 마인드를 가지게 되었고, 작가에게 반드시 필요한 글쓰기의 원리를 알게 되었던 것뿐이다.

하지만 한 가지 중요한 본질을 간과해서는 안 된다. 양질 전환의 법칙이다. 형편없고 무미건조한 글이라도 많이 써본 사람만이 독자의 마음을 사로잡을 수 있는 풍성한 글을 쓸 수 있다는 사실이다.

책 쓰기의 다른 말은
비움과 내려놓음

책을 쓴다는 것은 자신을 비운다는 것이다. 책을 쓴다는 것은 자신을 세상에 노출시킨다는 것이다. 권위와 체면과 거짓과 가식을 비워야 그것이 가능하다. 특히 무엇보다 마음을 비워야 한다. 마음을 비워 책을 쓸 수 없는 사람들은 작가로 대성하기 힘들다. 마음을 비우고 써야 하는 이유는 이것이다.

무엇인가 기준을 정해놓고 그것에 자신의 글을 짜 맞추려고 하면 글을 망치기 십상이다. 그럴 경우 글 쓰는 것 자체가 힘들고 어렵고 고역이 된다. 세상이 정해놓은, 누군가가 정해놓은 좋은 글, 멋진 글이라는 조건을 갖추기 위해서는 자신의 글을 고치고 또 고쳐야 한다. 결국 글쓰기가 더 이상 글쓰기가 아닌 고쳐 쓰기로 변질된다.

글쓰기가 진정 글쓰기가 되는 작가는 정말 드물다. 대부분의 작가는 글쓰기를 하는 것이 아니라 고쳐 쓰기를 한다. 왜일까? 욕심 때문이다. 자신의 명예와 권위와 체면 때문이다. 더 잘 보이고 싶고 더 잘 쓰고 싶은 욕망 때문에 그렇다. 이런 고쳐 쓰기가 나쁜 것은 절대 아니지만, 바람직한 것도 절대 아니다.

  가장 걱정이 되는 부분은 글쓰기 세계의 깊은 맛을 단 한 번도 경험하지 못한 채 베스트셀러 작가가 되어버리고, 그래서 작가가 아닌 작가, 글쓰기를 싫어하는 작가가 되어버린다는 것이다.

  많은 작가가 글쓰기를 업으로 삼아 먹고살고 있지만, 글쓰기가 즐거운 일이 되지 못하는 가장 큰 이유는 이것이다. 욕심을 버리지 못하기 때문이다. 너무 많이 이리 재고 저리 재기 때문이다.

  결국, 이렇게 글쓰기가 아닌 고쳐 쓰기로 베스트셀러 작가가 된 이들의 한결 같은 문제는 그 글 속에 자신의 진정한 목소리가 담겨 있지 않다는 것이다.

  글에 아무런 목소리가, 심지어 가짜 목소리조차 없는 일이 많은 까닭은 사람들이 문장을 써나가는 도중에 너무 자주 멈추고 어떤 단어를 써야 할지 걱정하고 이리저리 재기 때문이다. 글에 말할 때와 같은 자연스러운 호흡이 전혀 묻어나지 않는다. 글쓰기와 말하기의 조건이 서로 매우 다른 탓이다. 그 목록은 어마어마할 정도다. — 우리는 글쓰기 연습은 얼마 하지도 않은 채 문장 하나하나를 써나가면서 너무 오랜 시간 만지작거린다. 말하기에는 없는 맞춤법과 문법 규칙이 글쓰기에는 존재한다. 어리석은 말을 할 때보다 어리석은 글을 쓸 때 더 죄책감을 느낀다. 글을 쓰면 실수를 철저하게 평가받고, 교정되고, 지적당했다. 보통 어떤 '좋은 글'이라는 (잘못 인식된) 모델에 맞춰서 쓰려고 한다.

이런 조건을 극복하고 글에 목소리를 담는 최선의 길은 자주, 규칙적으로 자유롭게 글쓰기를 하는 것이다. _피터 엘보, 《힘 있는 글쓰기》, 380쪽

그렇다. 글에 자신을 담는 최선의 길은 자주, 규칙적으로 자유롭게, 자발적으로, 자연스럽게 글쓰기를 하는 것이다. 글은 그렇게 써야 한다. 글은 자신의 표현이기 때문이다. 그 이상도 그 이하도 아니다. 욕심을 부려서 좀 더 잘 보이려고 해서도 안 되는 이유가 이것이다. 돈을 벌 목적으로 책을 쓰려고 해서도 안 된다.

책 쓰기가 돈벌이나 성공, 자신의 마케팅 수단으로 전락해버리는 순간, 우리는 책 쓰기의 본질을 망각하게 된다. 책 쓰기는 자기 수양이고 자기 성찰이다. 그리고 자신, 그 자체다. 더 나아가 책 쓰기는 인생 그 자체다.

단순히 책을 읽는 것과 자신의 책을 직접 쓴다는 것은 엄청난 차이가 있다. 책 읽기가 남의 인생을 배우고 경험하는 것이라면, 책 쓰기는 자신의 인생을 세상을 향해 내던지는 것이다. 그래서 책 읽기와 책 쓰기는 같은 뿌리에서 나왔지만, 열매가 다르고 모습이 다른 것이다. 너무 욕심을 부리면 오히려 책 쓰기에 실패하는 이유가 바로 이것이다. 책 쓰기는 결국 자신을 세상에 내보여주는 것일 뿐 그 이상도 그 이하도 아니기 때문이다.

책 쓰기는 결국 자기 자신이어야 한다. 다른 누군가의 문체나 사상,

혹은 인생이 그 책의 본질 속에 담겨 있다면 그것은 사기다. 책 쓰기는 절대 사기극이 되어서는 안 된다.

책을 쓰는 사람은 반드시 진솔해야 한다. 진실을 말해야 한다. 진실이 필요한 곳은 법정만이 아니다. 책 쓰기에도 반드시 필요하다. 당신이 쓴 책은 당신을 말하기 때문이다. 당신이 쓴 책을 보면 당신을 알 수 있다. 그러므로 책 쓰기는 자신을 비우는 것이며, 동시에 세상에 자신을 내보이는 것이다.

책 쓰기를 과대 광고하여 책 쓰기를 하게 하는 사람들이 적지 않다. 하지만 나는 이것에 반대한다. 책 쓰기를 하면 무조건 남는 장사이고, 박사 학위보다 더 낫고, 전문가로 인정받을 수 있고, 더 쉽게 성공할 수 있고, 자신을 가장 잘 마케팅 할 수 있고, 최고의 퍼스널 브랜드 도구로 활용할 수 있기 때문에 책 쓰기를 하라고 부추기는 자기계발서들이 적지 않다.

이런 책들을 접할 때마다 씁쓸함을 감추지 못한다. 물론 이런 책들이 이야기하는 것은 다 맞는 말이다. 그래서 나도 그런 책 쓰기의 효과들에 대해서 이야기한다. 하지만 그것이 당신이 책 쓰기를 해야 할 가장 중요한 이유인 양 과대 포장하는 것은 분명 문제다. 책 쓰기는 그런 이유들을 초월해야 한다. 가장 큰 이유는 자기 자신에게 있어야 한다. 자기 자신이 달라지고 성장하고 변해야 한다.

책 쓰기는 자신의 운명을 바꿀 정도로 자기 혁명적인 것이다. 그래서 책 쓰기를 통해 인생이 바뀐 사람들이 한두 명이 아닌 것이다. 책 쓰기가 그렇게 큰 위력을 가지고 있는 이유는 책 쓰기를 통해 어제의 자신이 비워지고, 새로운 내일의 자신이 담기기 때문이다. 그것이 바로 성찰이고 성장이고 변화다.

에필로그

그러니까, 일생에 한번은 책을 써라!

나는 머지않아 사라지겠지만 책은 영원히 남을 것이다.

_ 에드워드 기번, 《로마제국쇠망사》의 작가의 말

당신이 원하는 것이 있다면, 그것을 얻어내기 위해서 아무리 위대한 독자가 된다 해도 그것을 얻어내지 못할 것이다. 하지만 당신이 평범하더라도 저자가 된다면, 당신은 최소한 그것을 얻어낼 수 있는 힘을 확보한 셈이다. 자, 그렇다면 어떻게 해야 더 좋고 풍요로운 인생, 즉 더 나은 인생을 살아갈 수 있겠는가?

머뭇거리지도 말고 멈추지도 말고 써내려가자.

망설이지도 말고 두려워하지도 말고 써내려가자.

위대한 독자가 되기보다는 평범한 저자가 되자.

오직 읽기만 하는 바보가 되기보다는 인생을 명품으로 바꾸는 글 쓰는 작가가 되자.

천재이기 때문에 글을 쓰는 시대는 이제 지나갔다.

글을 쓰기 때문에 천재가 될 수 있는 시대에 당신은 살고 있음을 명심하자. 글을 쓰기 때문에 성공할 수 있고, 위대해질 수 있고, 유명해질 수 있고, 전문가로 도약할 수 있다. 바로 이런 시대에, 당신이 살고 있기 때문에 이제 위대한 독자가 되기보다는 평범한 저자가 되고자 노력해야 할 필요가 있다.

인생을 쓰는 법을 배워나가자. 그래서 저자가 되자. 누군가가 이미 써놓은 글과 책을 통해 위대한 인생을 살아갈 확률이 10퍼센트라면, 쓰는 것을 통해 위대한 인생을 살아갈 확률은 90퍼센트라고 나는 생각한다. 그러므로 저자가 되자.

과거에는 독자가 되는 것만으로도 인생을 남들보다 더 잘 살아갈 수 있었다. 하지만 이제는 누구나 독자다. 그러므로 이제 남들보다 더 나은 삶을 살기 위해서는 독자가 아니라 저자가 되어야 한다.

저자가 되기 위해 당신이 해야 하는 일은 마음 가는 대로 손을 움직이는 것이다. 글을 쓰는 그 순간에는 절대로 글을 쓴다는 것을 의식하지 마라. 그러므로 그저 시작하라. 오직 하나뿐인 당신의 삶과 스토리를 세상에 당당히 내놓아라.

어찌 알겠는가? 당신의 삶과 스토리가 세상을 흔들어놓을지 말이다. 세상일은 아무도 모른다. 그러므로 쓰기 시작하라. 멈추지도 말고 서두르지도 말고 그저 쓰라. 책 쓰기는 인생 최고의 버킷 리스트다. 책 쓰기는 인생 최고의 도전이며 동시에 성과물이다.

　책 쓰기는 삶을 바꾸는 강력한 도구이면서 동시에 자신을 성장시키고 도약할 수 있게 해주는 가장 좋은 공부다. 인생 최고의 도전인 책 쓰기에 도전하라.

　아무리 경험이 부족하고 기술이 일천하다고 해도, 누구라도 책 쓰기를 할 수 있다. 비록 어떤 사람은 오랜 시간이 걸려야 하겠지만, 또 어떤 이는 많은 시행착오를 거쳐야 하겠지만, 그럼에도 당신이 누구이든 독자의 마음을 사로잡을 수 있는 책을 쓰지 못하게 막을 것은 아무것도 없다.

　그 어떤 것도, 사람들이 읽지 않고는 못 배기고 출판사에서 출간하기 위해 안달할 정도의 책을 쓰지 못하게 막지 못한다. 그러므로 인생 최고의 도전인 책 쓰기에 당신의 발을 들여놓아라.

부록

나는 이렇게 작가가 되었다

'김병완의 저자되기 프로젝트'
후기

환갑의 나이에
책 쓰기를 시작하여 작가가 되다

나는 올해 환갑을 맞았다. 요즘에는 흔히 '인생은 환갑부터'란 말이 있다. 하지만 이 나이에 작가가 된다는 것은 좀 낯설다. 그만큼 드문 일이다. 그러나 내게 낯설고 드문 일이 일어났다. 바로 기적이 일어난 것이다. 그래서 지금은 출판사와 출간 계약을 맺고 생애 첫 책을 집필 중이다. 그 드라마틱한 이야기 속으로 안내하고자 한다.

나는 책맹이었다 … 그리고 책맹 탈출!
"아빠 책 좀 읽으세요!"
"책은 읽어 뭐하게? 돈이 나와, 밥이 나와!"
아들과 아버지 사이에 오간 대화다. 평소에 얼마나 책하고 담을 쌓았는지 짐작이 갈 것이다. 바로 내가 그랬다. 그러고 보니 그럴 만도 하다.

나는 20년 동안 공수부대에서 근무했다. 사람들은 공수부대 하면 '꼴통'이라 부른다. '무식하고 용감하다'는 것을 빗댄 말이다. 내가 꼭 그 짝이었다. 그랬으니 감히 작가가 된다는 것을 상상할 수 있었겠는가? 어림도 없다.

그런데 느지막하게 철이 들었던지 어느 날 책 한 권을 잡았다. 바로 김병완 작가의 《48분 기적의 독서법》이었다.

"야~아! 세상에 이런 것도 있구나!"

눈이 번쩍 뜨이고 세상이 달리 보였다. 그러면서 한편으론 '어! 내가 왜 이러지?' 하고 의아해하기도 하였다. 하지만 나는 무엇에 이끌리듯 그 책의 마력에 사로잡혔다.

이어서 그의 책 《나는 도서관에서 기적을 만났다》를 읽었다. 이번에는 세상이 뒤집히는 충격을 받았다. 믿어지지 않았다.

'3년에 1만 권을 읽는다고! 그게 가능한가? 과연 이 사람이 어떤 사람인가?'

생각이 여기에 미치자 나는 김 작가를 알기 위해 그가 쓴 책을 모조리 사서 읽기 시작했다. "아니! 내가 어찌 된 것 아냐?" 나도 알 수 없었다. 하지만 덕분에 자연스럽게 독서 습관이 생겼다.

작가의 꿈을 꾸다 ⋯ 10년 후를 내다보며!

그렇게 김 작가의 책을 다 읽고 나니 그의 말을 믿을 수 있었다. 나의 의식이 바뀐 것이다. 그래서 나는 김 작가를 나의 롤 모델로 삼기로

했다.

그런 가운데 내게 작가의 꿈을 꾸게 한 것은 《인생을 바꾸는 기적의 글쓰기》란 책이었다. 이 책에서 그는 중국의 시성 두보의 말을 인용해 "만 권의 책을 읽으면 글을 쓰는 것도 신의 경지에 이른다(독서파만권讀書破萬卷 하필여유신下筆如有神)"고 하면서 자신의 경험담을 이야기하였다. 이 때 '필'이 꽂혔다.

'나도 할 수 있구나! 책을 많이 읽으면……'

이런 생각이 들어 '10년 후에 작가가 된다!'는 꿈을 꾸게 되었다.

저자되기 프로젝트, 내게 기적이 일어나다!

생생하게 꿈꾸면 꿈은 반드시 이루어진다는 말이 있다. 나는 10년 후 작가의 모습을 생생하게 꿈꾸면서 열심히 책을 읽고 있었다. 그러던 어느 날 우연히 '김병완칼리지' 카페를 방문하였다. 지금까지 김 작가를 롤 모델로 삼고 있었으면서도 카페나 블로그를 방문한다는 생각은 못했던 것이다.

카페 게시판에서 '저자되기 프로젝트 안내' 공지를 보았다. 관심이 있는 것이라서 금방 눈에 확 들어왔다. 프로그램을 소개하는 문구들이 화살처럼 내 심장에 박혔다. 마치 나를 위해 준비된 것 같았다. 기쁜 마음으로 안내문을 읽고 또 읽었다. 그러나 비용이 만만치 않았다. 대여대취大予大取, 즉 크게 주고 크게 얻으라는 말이 떠올랐다. 나는 과감하게 투자하였다.

그러고 나서 아내와 아들에게 넌지시 프로젝트에 관해 이야기해보았다. 냉담한 반응을 보였다. 아내는 "세상에 그런 게 어디 있어? 순진하게 그런 데 속아 넘어가네!"라고 했고, 아들마저도 "그건 사기야! 요즘 그런 사기 치는 사람이 얼마나 많은지 몰라요?" 하면서 내 뜻을 알아주지 않았다. 도저히 믿지 못하겠다는 것이다. 하기야 나도 김 작가의 책을 읽지 않았다면 똑같은 반응을 보였을지 모른다.

드디어 첫 미팅을 가졌다. 스터디그룹은 나와 20대 후반 여성 둘, 이렇게 세 명이었다. 첫 시간부터 강사(김 작가)와 학생은 진지했다. 나는 이런 강의를 듣는다는 자체가 신기하고 꿈만 같았다. 내가 이런 교육을 받을 수 있을 것이라곤 상상도 못했기 때문이다. 교육 목표는 2주차에 제목 선정, 3주차에 목차 구성, 4주차에 서문 쓰기, 5주차에 본문 한 꼭지 쓰기, 6주차에 원고 투고였다.

집에 돌아와 2주차 교육을 위해 한 주 내내 낑낑 대며 제목과 목차를 정하는 데 진땀을 뺐다. 강의 때 배운 내용을 곱씹어가며 노력했지만, 처음이라 쉽지 않았다. 겨우 제목과 목차를 정하고 2주차 교육에 임했다. 김 작가는 좀 실망한 눈치였다. 그러나 내색하지 않고 칭찬과 격려로 자신감을 불어넣어주었다. 그러면서 자세하게 지도해주었다.

그러나 3주차가 될 때까지 '이분이 과연 해낼 수 있을까?'라며 걱정을 했었다고 나중에 솔직히 털어놓았다. 그러다가 4주차에 가서야 제목과 목차에 대해 합격점을 받았다. 마침내 가능성이 있다며 용기를 북돋아주었다.

교육이 진행되는 동안 내 안에 잠든 거인이 깨어났다. 참 신기했다. 내가 한 번도 생각해보지 못했고, 되리라고 믿지 않았던 것들이 정말 기적과 같이 하나씩 이루어졌다. 책 제목과 목차가 정해지고 작가 소개와 서문까지 썼다. "이거 내가 한 것 맞아?"라고 할 정도였다. 김 작가는 "누구나 작가가 될 소질은 갖고 있다. 단지 인식하지 못하고 실천하지 않을 뿐이다"라고 하면서 나의 의식을 바꾸어주었다.

이쯤 되니 가족들에게 자랑을 하고 싶었다. 그래서 아내와 아들에게 "내가 올해 안에 책을 발간하고 작가가 될 거야"라고 했다. 그랬더니 아내 왈 "말 같지 않은 소리 하지 마쇼! 작가는 무슨 작가?" 아들은 한 술 더 떴다. "아빠가 작가가 된다고? 말도 안 돼요!" 그래, 말 같지 않고 말도 안 되는 소리였지만, 출판사와 계약을 하고 이렇게 책을 쓰고 있는 기적이 일어났으니 어쩌겠는가? 오히려 이것이 말이 안 되는 것 아닌가?

이렇게 해서 나에게 기적이 일어났다. 그래서 나는 "누구나 책을 쓸 수 있다. 내공이 없어도, 책을 많이 읽지 않아도 된다"는 말을 그대로 믿는다. 내가 직접 경험했기 때문이다. 나를 기적의 통로로 안내한 김 작가께 감사드린다.

대한민국 특수전 전략전문가
이○○

내 남은 인생을
어떻게 살 것인가

대한민국에서 직장인으로 15년 이상 살아온 나. 남은 인생을 어떻게 살아갈 것인가에 대한 고민은 통과의례라 하기에는 너무나 처절했다. 나이는 자꾸 먹는데 뭐 하나 제대로 해놓은 게 없는 내 인생이 암담하고 무서웠다. 돌파구가 필요했다.

어려서부터 무의식에 자리 잡은 한 가지는 책에서 길을 찾으라는 것이었다. 그래서 돈이 없어도 뭔가는 해야 한다는 심정으로 책을 읽어나갔지만, 내 삶은 제자리걸음만 할 뿐이었다.

경영대학원에 들어가서 사회적으로 성공한 사람들과 교류하면 인생이 달라지지 않을까, 같은 비주도적이고 안일한 발상으로 하루하루 스스로를 몰아세울 뿐이었다.

2013년 광화문 교보문고, 여느 때와 마찬가지로 퇴근 후에 이 책 저

책 골라서 나오는 길에 김병완 작가 책을 우연히 보게 되었다. 독서법이라고 이름 붙은 책은 한 번씩 들춰보던 때라 생각 없이 집어서 서문을 읽는 순간 가슴이 무너지는 느낌을 받았다. 나와 같은 고민을 한 직장인이 보여준 그 놀라운 경험은 단숨에 나를 사로잡았다. 저자에게 페이스북 친구 신청을 하고 그의 책을 찾아 읽었다.

그러던 어느 날, 나에게 기회가 왔다. 마침 광화문 교보문고에서 그의 강연회가 있다기에 만사 제치고 서점으로 갔다. 강연회장에 가기 전에 화장실에 들렀더니 거기에 김병완 작가가 거울을 보고 있는 게 아닌가. 처음 실물을 보고 반가워서 "작가님 아니세요?" 하고 소리쳤다. 이런저런 이야기가 오간 후 그가 던진 질문은 어처구니없었다.

"책 쓰신 적 있나요?"

'응? 이 양반이 지금 무슨 소리를 하는 거지?'라는 생각과 동시에 '제가 무슨 책을 씁니까…' 하는 생각이 들었다.

그 후 시간이 흐르고 '저자되기 프로젝트'를 한다는 소식을 들었다. 태어나서 단 한 번도 상상해본 적 없고 작가의 '작'자를 한문으로만 알던 나는 그냥 지푸라기라도 잡는 심정으로 신청을 했다.

영어학원 다니고 운동하러 다니는 비용도 눈치 주던 내 아내는 월급보다 많은 비용을 지불하는데도 아무 이야기를 하지 않았다. 나를 응원해준 아내가 고마웠다. 사실, 내 마음 깊은 곳에 울림을 준 그에게 무언가라도 조언을 구하고 싶었던 게 더 컸다.

2013년 겨울. 첫 수업을 하고 서문과 목차를 준비하라고 해서 그 전

날에나 겨우 하고, 그렇게 6주 동안 일주일에 한 번씩 그를 만나 수업을 들었다.

크리스마스에 있었던 5주차 수업을 듣고 원고 투고를 했다. 원고 투고는 그 자체만으로도 신기하고 흥분되는 경험이었다. 출판사의 거절 메일조차 신기하고 가슴이 뛰었다.

2014년 1월, 내 나름대로 직관을 가지고 투고를 다시 했다. 그런데 말도 안 되는 일이 벌어지고 말았다. 출판사 몇 군데에서 연락이 와 계약하고 싶다는 뜻을 밝히는 게 아닌가. 이게 상식적으로 말이 되나? 출판사 대표를 만나 계약을 하고 원고를 썼다. 글이라는 것은 백일장과 보고서, 일기가 전부인 내가 못쓰는 것은 당연하지 않은가?

신기한 일이 또 벌어졌다. 퇴근 후 집에 와서 밤 10시에 잠이 들면 새벽 한 시에 눈이 번쩍 떠졌다. 그러고는 '어떻게 겁도 없이 두 달 만에 원고를 완성해서 준다고 했을까?'라는 걱정도 없이 노트북 앞에 앉아서 끊임없이 자판을 두드렸다. 잠깐 찰나의 시간이 지나간 듯한데 어느덧 아침 7시가 넘어 출근시간이 되어 있었다.

정확히 두 달 만에 탈고를 하고 원고를 출판사에 넘겼다. 그런데 그 원고가 출판사의 마음에 들지 않았다. 태어나서 처음 만난 편집장이라는 사람과 4시간이 넘는 미팅을 하고 다시 내 원고를 고쳐 썼다. 물론 순간의 좌절감도 느꼈다. '하지만 어차피 김병완 작가를 만나지 못했다면 꿈도 꾸지 않았던 일 아닌가? 이러면 어떻고 저러면 어떻겠는가? 밀고 나가는 거다.' 이후 손도 대지 못하던 원고를 다 털어냈다. 내 이야기가 아니고 내 생각이 아닌 것들은 과감히 버렸다.

　내가 녹여낼 수 있는 한도에서 욕심을 버리고 같은 주제라도 여러 가지 형식으로 원고를 써서 편집장에게 주었더니 놀라워했다. 편집장은 나를 만날 때마다 작가님이라고 깍듯하게 부르면서 커피 한 잔도 내 돈을 쓰지 못하게 했다. 나보다 한참 형님이시고 출판계에서 20년 가까이 일하신 분이다.

　이 놀라운 경험을 하고 있는 나는 정말 누구인가? 지난주에 본문 시안을 받아서 최종 마무리 중이다. 김병완 작가를 만나고 실제로 내 책이 나오는 데 7~8개월이 걸리는 셈이다. 출판사와의 피드백이 빨랐다면 2~3개월 만에 나올 수도 있었겠지만, 지금은 전혀 중요한 문제가 아니다.

　사람이 사람에게 영향을 줄 수 있다는 것은 알지만, 내가 김 작가를 만나서 변화한 것은 작은 사건이 아니다. 내 마음을 다스리는 법을 조금 아주 조금 알았다고나 할까? 아직은 표현이 서툴러서 이 글에 다 담을 수 없는 게 아쉽다.

　이제는 나도 그 누군가에게 조금이라도 영향을 주는 사람이 되고 싶다는 생각을 한 것만으로도 큰 발전이 아닐까? 가슴 충만한 삶은 멀리 있지 않았다. 김 작가는 나에게 그것을 알게 해주었고 나는 조금씩 지금도 깨닫고 배우는 중이다.

몸짱 작가 박○○

직장에서의 마지막 열정을 잃어버린 후, 글쓰기가 나에게 찾아왔다

나는 회사생활을 10년 넘게 해온 평범한 직장인이었다. IMF 여파로 힘든 시기에도 무사히 입사할 수 있었고 나도 이제 뭔가 할 수 있으리라는 설렘과 기대로 부풀었다.

세상에 쉬운 일은 없다고 했던가. 사회 초년생이었던 나는 배워야 할 것도 많았고 실수도 했다. 내가 부족한 게 아닌가 좌절하기도 했다. 하지만 나에게는 열정이 있었다. 회사와 일에 대한 열정이었다. 나에게 맡겨진 일이라면 제대로 잘하고 싶었다. 조금이라도 기여할 수 있는 것에 행복과 보람을 느꼈다.

중간에 넘어지기도 하고 다시 일어서기도 했다. 회사가 전부라고 생각했던 나는 20대의 에너지를 모두 쏟아부었다. 그 와중에 개인적으로 뜻하지 않은 힘든 일도 겪었다. 감당하기 힘든 시련에 '난 열심히 살았는데 왜 이런 일이 생기지?' 하고 원망하기도 했다. 그래도 날 붙잡아주고 포기하지 않게 해준 것은 남아 있는 의지와 열정이었다. 그렇게 난 파란만장(?)했지만 의미 있는 20대를 잘 보낼 수 있었다.

서른이 되면서 직장생활도 10년이 넘게 되었다. 그리고 나의 방황은 시작되었다. 학창시절에도 겪지 않았던 사춘기를 나는 서른이 되면서 맞이하게 되었다. 정말 질풍노도의 시기였다. 질풍노도의 뜻을 찾아보면 '대단히 빠르게 불어오는 바람과 미친 듯이 닥쳐오는 파도'라고 나와 있다. 정말 미친 듯이 닥쳐왔다. 일에 대한 회의가 들기 시작했다. 그리고 내가 누구를 위해, 무엇을 위해 일하는지에 대한 근본적인 의문이 생겼다. 시간이 흘러도 난 여전히 그 자리에서 제자리걸음을 하고 있는 듯했다.

가슴이 답답해져오기 시작했다. 자존감은 땅에 떨어진 상태였다. 몸과 마음이 지칠 대로 지쳐 있었다. 사람이 열정을 잃는 것이 가장 큰 재앙이라고 한 것은 맞는 말이다. 나를 지탱해준 열정을 난 잃어버린 것이다. 그리고 난 아무것도 할 수 없었다. 뼈를 묻겠다던 회사를 떠날 것인가 말 것인가 고민하게 되었다. 가장 힘들었던 고민이고 힘들었던 시절이었다. 가장 큰 이유는 새로운 도전에 대한 두려움이었다.

그렇게 고민하던 어느 날 서점에서 김병완 작가의 《40대, 다시 한 번 공부에 미쳐라》라는 책을 읽게 되었다. 순식간에 읽어내려갔다. 충격이었다. 3년 동안 독서에 몰입하여 작가가 된 그의 이야기는 내게 깊은 인상을 남겼다.

고민에 고민을 거듭한 끝에 나는 12년 동안의 직장생활에 마침표를 찍었다. 예전 같았다면 절대 못했을 결정이었다. 나는 그동안 관심도 없었고 거리도 멀었던 책을 읽기 시작했다. 욕심 부려 사놓고 읽지 않은 책들을 먼저 읽었다.

부끄럽지만 성인이 되고 처음으로 도서관을 다니기 시작했다. 나 자신부터 바꾸고 싶었다. 김 작가처럼 새로운 인생을 살고 싶었다. 그런데 나의 바람은 기적처럼 이루어졌다. 작가로 제2의 삶을 살고 싶었던 나의 꿈을 '저자되기 프로젝트'를 통해 이룰 수 있게 된 것이다.

출판사에 원고를 투고하고 계약을 하게 되고, 그리고 지금 글을 쓰고 있다는 것은 나에겐 기적이다. 상상 속 일들이 벌어진 것이다.

잃어버렸던 열정을 되찾게 해준 김병완 작가께 이 자리를 빌려 깊이 감사를 드린다.

강○○

거짓말같이
출판사와 계약이 되다

나는 37세의 평범한 직장인이다. 김광석의 〈서른 즈음에〉라는 노래를 들으며, 서른을 걱정했던 시기가 있었다. 그때가 엊그제 같은데, 어느덧 40대를 바라보고 있다.

얼마 전까지만 해도 '마흔이 되어도 잘살 수 있을까?'라는 물음이 막막함으로 다가왔다. 주위 친구나 동료들은 큰 고민 없이 하루를 열심히 살아가는 것처럼 보이는데, 나만 왜 이런 고민을 하는 건지 답답했다. 해결책이 필요했고, 책에 답이 있을 것이라 막연히 생각했다.

소심한 엔지니어, 반칙왕이 되다

복잡한 마음을 이끌고 서점에 갔다. 책을 고르던 중 눈에 띄는 책이 있었는데 《40대 다시 한 번 공부에 미쳐라》라는 김병완 작가의 책이었다. 저자 약력과 목차를 보고 아무 생각 없이 구매했다. 답답한 마음에 책을 조금씩 읽어내려갔다. 그런데 챕터마다 정리된 내용들이 나의 인생 이정표 같은 느낌이었다. '아~ 바로 이거야!' 하고 무릎을 쳤던 기억이 난다.

그날 이후 나에게 작은 변화가 생겼다. 어딜 가나 늘 책이 따라다녔고, 1분이라도 남는 시간이 있다면 책을 읽기 시작하게 된 것이다. 새로운 생활에 익숙해지고 김병완 작가의 이름은 어느덧 잊혀갔다.

나는 그 이후에도 꾸준히 책을 읽었다. 책을 계속 읽다 보니 새로운 꿈이 생겨버렸다. 그것은 '나도 언젠가는 책을 써야겠다'라는 막연한 꿈이었다. 궁금증을 풀기 위해 관련된 글쓰기 책을 읽기 시작했다. 유명 작가의 글쓰기 책을 읽었지만, 오히려 꿈은 점점 멀어지는 것만 같았다.

좀 더 체계적으로 글쓰기를 배우고 싶은 마음에 오프라인 강의를 듣고 싶었다. 그래서 인터넷을 통해 관련된 개설 강의를 검색했다. 하지만 개설 강의는 대부분 서울과 경기도에 집중되어 있었다. '나 같은 지방 사람은 배울 기회가 없는가' 하고 한탄만 하고 있을 때, 우연히 김병완 작가의 홈페이지를 발견했다. 홈페이지이는 전국적으로 '저자되기 프로젝트'를 진행한다는 공지가 있었다. 그 순간 "아~ 바로 이거야!" 하고 소리쳤다. 그날 이후 '저자되기 프로젝트'라는 단어가 머리를 떠나지 않았다.

영화 〈반칙왕〉에서 어눌하고 소심한 은행원 임대호(송강호)가 레슬링 도장을 어슬렁거리는 느낌처럼, 나도 김 작가의 홈페이지를 수십 번 방문했다. 처음 홈페이지를 방문한 이후 일주일 동안 '내가 할 수 있을까?' '이 사람 사기꾼 아닐까?' 등등 온갖 잡념들이 머리에서 떠나지 않았다. 나는 고민 끝에 '행동해야 답을 얻을 수 있다'는 신념으로 '저자되기 프로젝트'를 시작했다.

강의가 시작되고 한 주 한 주가 지날수록 발전된 나의 모습이 보였다. 강의를 통해 글쓰기 능력도 많이 향상되었지만 '저자되기 프로젝트'를 통해 얻은 가장 큰 소득은 나에 대한 '의식 혁명'이었다. 나 자신의 '의식 혁명'을 통하여 나도 몰랐던 나를 끌어내게 된 것이다. 소심한 엔지니어가 반칙왕으로 변신하는 순간이었다.

5주간의 프로젝트를 마치고 내 손으로 직접 완성된 출간기획서를 여러 출판사에 투고했다. 며칠이 지나자 거짓말 같은 일이 하나씩 생겨났다. 나 같은 보잘것없는 작가에게 출판사로부터 계약하자는 연락이 온 것이다. 정말 믿을 수 없었다(나에게 이런 기회가 오다니, 그것도 대중과학이라는 분야로…).

대부분 사람들은 이것을 거짓말 같다고 생각할 것이다. 하지만 나는 지금 이 시간에도 출판사와 계약한 책을 쓰고 있다. 그렇다. 모두 진실이다. 나도 처음에는 믿을 수 없었다. 하지만 난 지금 느끼고 경험하고 있기 때문에 이제는 믿는다.

김병완 작가와 함께한 '저자되기 프로젝트'를 통해 나는 잃어버렸던 인생의 퍼즐 조각을 발견하게 되었다. 공식적인 프로젝트는 끝났지만 아직도 그때의 느낌이 생생하다.

"나는 이제 더 이상 소심한 엔지니어가 아니다. 나는 반칙왕이다."

또 다른 나 '반칙왕 한○○'를 만들어준 김병완 작가께 깊이 감사드린다.

광주에서 한○○

김병완의 책 쓰기 혁명
내 안에 잠든 글 짓는 도서관을 깨워라

1판 1쇄 발행 2014년 11월 14일
2판 1쇄 발행 2021년 11월 14일

지은이 김병완

기획·편집 김성수 | **교정** 네오북 | **디자인** 백주영
저작권 김지영 이영은 김하림 | **마케팅** 정민호 김경환
홍보 김희숙 함유지 김현지 이소정 이미희
제작 강신은 김동욱 임현식 | **제작처** 한영문화사

펴낸곳 (주)교유당 | **펴낸이** 신정민
출판등록 2019년 5월 24일 제406-2019-000052호

주소 10881 경기도 파주시 회동길 210
전화 031-955-8891(마케팅) 031-955-2680(편집) 031-955-8855(팩스)
전자우편 gyoyudang@munhak.com

인스타그램 @thinkgoods **트위터** @thinkgoods **페이스북** @thinkgoods

ISBN 979-11-91278-79-8 13190

- 싱긋은 (주)교유당의 교양 브랜드입니다.
  이 책의 판권은 지은이와 (주)교유당에 있습니다.
  이 책 내용의 전부 또는 일부를 재사용하려면 반드시 양측의 서면 동의를 받아야 합니다.

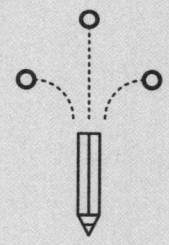